Jardin parfumé

toute l'année

COLLECTION
JARDINS DÉFIS

21 x 21 cm – 96 pages – broché – couleur

Collection dirigée par Dominique Lenclud
dlenclud@hotmail.com

Forme du terrain, configuration du sol,
climat ingrat, choix esthétiques inhabituels...
De vrais défis que seules des expériences vécues
peuvent aider à relever.

Photo de couverture : Jardin de Plantbessin

e-mail : info@edisud.com

ISBN 978-2-7449-0801-9

Texte Marie-Hélène Loaëc
Photos Béatrice Pichon

Jardin parfumé
toute l'année

COLLECTION JARDINS DÉFIS

reportages – idées – portraits de plantes

ÉDISUD

Sommaire

Ce nouveau livre de la collection « Jardins Défis » suit la ligne des autres titres. Des "Reportages" vous emmènent à la découverte de cinq jardins bien différents, mais dont les propriétaires ont une même passion jardinière : privilégier le sens de l'odorat. La deuxième partie, "Pêle-Mêle", vous donne de nombreuses idées pour trouver la meilleure place pour vos plantes parfumées. Enfin, les "Portraits" d'une soixantaine de végétaux, classiques ou moins connus, vous sont présentés pour vous aider à embaumer votre jardin en toutes saisons.

Reportages

PÊLE-MÊLE D'IDÉES

p. **46** Il faut étudier avec soin **l'emplacement** des plantes odorantes, afin de pouvoir profiter de leur parfum dans les meilleures conditions et le plus longtemps possible. Les **abords de la maison** sont bien entendu un lieu privilégié, surtout lorsque ces plantes sentent bon au cœur de l'hiver et que les déplacements au jardin sont limités. Les **lieux de passage** permettent de les découvrir au fil des promenades et les **coins repos** sont toujours une bonne occasion de les apprécier. Privilégiez la proximité des fenêtres et des terrasses lorsque les parfums s'expriment **le soir**. Pensez aux **aromatiques** qui peuvent composer à elles seules de très belles mises en scène, alliant esthétique et senteurs de leurs feuillages. Les autres occasions d'humer de bonnes odeurs ne manquent pas – gazon fraîchement tondu, **sous-bois** humide… Et n'oubliez pas que c'est par les molécules d'eau que sont transportés les principes olfactifs qui s'expriment des plantes vers nos cellules sensorielles.

PORTRAITS

p. **70** Vous connaissez, bien sûr, les grands classiques, mais catalogues, pépiniéristes, fêtes des plantes, jardineries et autres distributeurs spécialisés ont à leur disposition un très grand nombre de végétaux "odorants". Voici une sélection réalisée, saison par saison, pour mieux connaître, choisir et installer au bon endroit ces plantes qui vont embaumer votre jardin toute l'année.

INDEX

p. **94** Vous y retrouverez les plantes mentionnées sous leur nom vernaculaire et sous leur nom botanique ainsi que des adresses de pépiniéristes

R E P O R T A G E S

Ils ont créé leur jardin qui sur les bords de Loire, qui en Picardie, qui en Gironde, ou encore près de Paris ou dans le Midi... avec le souci, pour tous ces passionnés, de composer des scènes belles à voir, mais également agréables à inspirer. Les parfums sont leur motivation : feuilleter un catalogue permet certes d'apprécier la beauté des fleurs. Jouir de leurs senteurs apporte une autre dimension à leur jardin. À apprécier saison après saison.

Anne-Marie Grivaz a créé ce jardin à quelques dizaines de kilomètres de la capitale. Sur une surface relativement réduite, elle y associe avec harmonie rosiers, vivaces, arbustes et des bulbeuses, nombreuses, qui fêtent chaque année le retour du printemps.

En banlieue parisienne, un jardin qui a une âme

Dès le mois de mars, la clématite du Père Armand (*Clematis armandii*) est un enchantement, lorsqu'elle envahit le bord du toit et embaume les abords, tout proches, de la maison d'une odeur d'amande et de vanille. Et au jardin, tous les sens sont en éveil.

Toutes les bulbeuses sont à la fête, et se bousculent dans le jardin, pointant leurs têtes délicatement colorées. Comme elles ne vont pas s'attarder, il ne faut pas manquer de venir en profiter. Et souvent, elles sentent bon, comme ces narcisses 'February Gold' ci-contre et 'Jetfire' ci-dessous.

Ci-dessus, narcisses 'Rip Van Winckle', avec leur tête toute frisée, et tulipes 'Maureen' ; ci-contre, narcisses 'Thalia', perce-neige et fritillaires, autant de couleurs douces qui illuminent les parterres et embaument le jardin au retour du printemps.

Lorsque Anne-Marie et son mari Yvon achètent ce terrain en 1976, dans la grande banlieue sud de la capitale, ils le découvrent sous la pluie. Abandonné depuis trente ans, c'est une véritable friche à perte de vue, remplie d'orties, de bambous, d'arbres et d'arbustes inconnus, dans laquelle il est difficile de se frayer un chemin !

Ils mettront deux ans à défricher, nettoyer, aplanir ce qui allait devenir l'un des plus intéressants jardins privés du département.

Une nouvelle dimension au jardin

Novice dans l'art paysager et la connaissance des végétaux, Anne-Marie commence par l'installation d'un petit massif en rond, très classique, semé d'annuelles. Mais la passion va très vite la gagner, et jour après jour, au fil de ses promenades, recherchant la fleur qui sera la première à ce rendez-vous quotidien, elle va dessiner et faire évoluer ce jardin.

Limitée par la surface, elle imagine de lui donner une nouvelle dimension en installant des pergolas. celles-ci lui permettront d'augmenter le nombre de ses rosiers en les cultivant sur plusieurs niveaux. Aujourd'hui, par exemple, ce sont de véritables cascades de roses qui se déversent dans le petit canal qui traverse le jardin.

Les bulbes de printemps trouvent aussi leur place dans de jolis pots placés près de la maison. Seuls ou mélangés, ils apportent des touches de couleur, mais incitent aussi le promeneur à se pencher sur leurs fleurs pour apprécier leurs éventuels effluves.

Groseillier à fleurs blanches (*Ribes sanguineum* 'Alba') ci-dessus, *Osmarea* (ou *Osmanthus*), qui répand un parfum très fin autour de la maison, et pensées de Chalon à droite. Anne-Marie a une prédilection pour leur incroyable parfum, mais elle reconnaît que ce sont des plantes fragiles, et difficiles à trouver.

Jamais lassée, Anne-Marie continue à planter de nouvelles variétés. À part quelques inodores retenus pour la beauté de leurs fleurs, tous ses rosiers sont parfumés : 'Comte de Chambord', aux grandes fleurs en quartiers, rose teinté de lilas, 'Louise Odier' dont les pétales très doubles évoquent les camellias, ou encore 'Julie de Mersan', un rosier dans lequel « tout sent bon » – l'écorce, le feuillage...

Elle aime citer aussi *Rosa primula*, un rosier botanique aux tiges fines et aux petites roses simples en coupe, qui diffuse, très tôt au printemps, un parfum de pomme si subtil qu'on risque de passer à côté sans s'en rendre compte !

Un parcours pour butiner

Pour découvrir les merveilles olfactives du jardin, il n'y a qu'à suivre au printemps le parcours des premiers bourdons et abeilles qui réinvestissement le terrain. Car si elle a une prédilection pour les roses, Anne-Marie accumule les plantes parfumées. Pour elle, c'est véritablement la raison d'être d'un jardin : un livre suffit pour profiter de la seule beauté des fleurs !

Parmi ses préférés, le petit arbuste *Sarcococca*, qui exhale dès février un parfum capiteux, inoubliable, embaumant tout le jardin. Un peu plus tard, les *Osmarea* (ou *Osmanthus*) diffusent autour de la maison leur parfum miellé. Inoubliables également, *Clematis armandii* qui a investi le toit de la maison, et *Lonicera fragrantissima*.

Quelques marches suffisent pour donner du relief, et les pergolas permettent de gagner en hauteur les mètres carrés qui manquent au sol. Le jardin foisonne de vie. Comme il est très clos, entouré d'arbres, les parfums s'y concentrent, semblant venir de partout et incitent à se promener avec le nez autant qu'avec les yeux.

Anne-Marie est allée chercher en Grande-Bretagne ses premiers rosiers 'New Dawn' avant d'apprendre qu'un rosiériste était installé non loin de chez elle. Sa première visite chez André Ève sera un coup de foudre, aussi bien pour la compétence de l'homme que pour sa roseraie. C'est notamment chez lui qu'elle choisira ses 'City of York', dont elle accentue l'arcure des branches en y suspendant des pots, 'Buff Beauty' (page de droite), 'Blossom Timé' et 'Blush Noisette' (dans l'allée), 'Mona Lisa', 'Clair Matin', 'Nozomi' et 'Fantin-Latour' (qui bordent le canal). Ci-contre, pivoine 'Monsieur Jules Elie', *Viola tricolor* et *Allium christophii.*

Les bulbeuses sont à l'honneur, car il est incontestable pour Anne-Marie que leurs fleurs sentent bon quand on les observe de près, tous les sens en éveil. Émergent ainsi au retour du printemps les narcisses 'Thalia', au parfum de jasmin, 'Tête à Tête', aux fleurs toutes mignonnes et si lumineuses, 'Trevithian', citron pâle, 'February Gold', aux longues trompettes jaune soutenu, et, un peu plus tard, *Narcissus poeticus*, reconnaissables au petit liseré rouge de leur couronne intérieure. Dans les sous-bois embaument les grappes odorantes des muguets et de leurs cousines, les *Smilacina*.

Fous de jardin

Anne-Marie et Yvon ont récemment ajouté à leur 1 000 m² une parcelle de 400 m² en bordure de la Juine, que la municipalité a bien voulu leur vendre, trop heureuse de cette valeur sûre qui attire les touristes depuis 1990. Ce nouvel espace permet à ces deux amoureux des jardins de défouler leur passion : lui, construit – une terrasse sur l'eau, notamment, qui permet de bénéficier d'un nouveau point de vue sur le jardin – ; elle, plante...

Quand on a été « piqué », plaisante Anne-Marie, on ne s'en remet plus, à moins que ce ne soit par atavisme familial ! Et de se remémorer le petit jardin de ville que sa grand-mère soignait à Figeac, sans doute à l'origine de sa propre passion.

13

Camaïeux de couleurs et de parfums à Viels-Maisons

Au chevet d'une église romane des confins de la Picardie, ces jardins sont d'une telle harmonie que le visiteur s'y sent apaisé et émerveillé. Au fil de leur succession, il chemine dans différentes ambiances, charmant sa vue et son odorat. Bien que tout paraisse spontané, chaque emplacement a été soigneusement calculé pour composer ces palettes de couleurs.

Bertrande de Ladoucette est une passionnée qui compose ses jardins pour en faire des créations harmonieuses. Calculs, prises de notes et expérience conditionnent leur réussite. Mais sachez que si ses rosiers fleurissent si merveilleusement pendant des mois, c'est parce qu'elle passe des heures, tôt chaque matin, à supprimer leurs fleurs fanées. À droite 'New Dawn'.

La lavande (variété 'Munstead') est partout présente. Même au nord de la Loire, plus question de se priver du merveilleux parfum poudré de ses grands épis bleus. À Viels-Maisons, leur mélange avec des santolines des rosiers (ci-contre 'Ballerina') et des buis est un émerveillement ; elles sont d'ailleurs à l'honneur dans plusieurs mises en scène.

Un lieu de vie, où se succèdent les ambiances : jardins de curé, à l'anglaise, sauvage, romantique, bois des petits-enfants... La nature recréée avec harmonie. Les abeilles ne s'y trompent pas, revenues depuis quelques années.

Quand, en 1989, Bertrande de Ladoucette envisage de reconstituer le jardin à la française qui accompagnait le château des lieux, disparu à la Révolution, elle dessine le plan de ses trente-deux rectangles et commande ses premiers deux mille pieds de buis. Pourtant, devant les contraintes qui s'annoncent, notre propriétaire revoit ses ambitions et décide de créer plutôt, en gardant le même dessin, un "jardin de curé", qui sera dominé par l'église de ce petit village picard. Étudiant, pour ce faire, une vaste littérature sur le sujet, elle y installe scrupuleusement les sept éléments traditionnels : légumes et fruits pour les repas ; fleurs pour décorer l'église ; plantes officinales ; eau ; vigne pour le vin de messe ; buis – symbole de l'éternité – ; et statue de la Vierge.

Un parcours guidé par les odeurs

Mais son goût des couleurs et la complicité de la paysagiste Sonja Gauron la poussent à travailler ce jardin de façon plus élaborée et à le compléter avec d'autres ambiances. L'harmonie des coloris, aussi bien pour ce premier jardin de curé que pour le jardin d'inspiration anglaise qu'elle composera ensuite, va répondre à la recherche d'un effet miroir.

Les trente-deux rectangles, alignés en quatre rangées de huit, sont composés de plantes différentes dont les couleurs se répondent avec symétrie, que ce soit dans le sens est-ouest ou dans le sens nord-sud : gris des santolines, rose de différentes variétés de rosiers, bleu des géraniums de l'Himalaya et des *nepetas* 'Six Hills Giant' semblent être le reflet les uns des autres.

Depuis deux ans, les jardins bourdonnent d'abeilles qui s'y plaisent tant qu'elles ne piquent jamais jardinière ni visiteurs. Et un petit merle s'est apprivoisé tout seul pour rejoindre régulièrement Bertrande.

Mais ce ne sont pas les seuls témoignages de la réussite de ces jardins : la maîtresse des lieux y a accompagné un jour une amie aveugle, qui lui "racontait" son parcours, guidée par les seules odeurs des plantes ! D'une telle sensibilité et d'une telle attention, qu'elle reconnaissait même quel oiseau était attiré par tel végétal parfumé... – La plus belle visite, assurément, que la propriétaire ait eu l'occasion de suivre ! Impressionnée, elle a mis maintenant à la disposition des non-voyants une version en braille du dépliant-guide distribué à chaque visiteur.

La passion des roses

Viels-Maisons est aussi un superbe jardin de roses. Comme le site est ouvert à la visite toute l'année, Bertrande a dû composer entre parfum et floraison pour assurer le décor de ses rosiers pendant de longs mois. Elle a ainsi laissé de côté des variétés aux parfums certes

Lavandes, buis et santolines mélangent leurs odeurs et dessinent, avec des fraisiers, les bordures de ces carrés dont les couleurs se reflètent avec symétrie. Les tons restent dans des camaïeux de bleus, roses, fuchsias, avivés par du violet et du rose soutenu pour que le jardin ne soit jamais ennuyeux à l'œil.

Du bleu, du blanc, du rose… pas de rouge, si ce n'est celui de ces tiges. Une touche pourpre dans une masse de vert est le meilleur moyen de donner du relief à une scène de jardin. Le souci de l'harmonie des couleurs est important, tout comme le plaisir de mêler les parfums.

fabuleux mais non remontantes. Parmi ses préférées, 'Felicia', la plus délicieusement parfumée, 'Rush', merveilleux tout l'été, 'Lavender Dream', plein de charme, 'Ghislaine de Féligonde', qui orne les murs, 'New Dawn', 'Fenja', aux adorables petites clochettes rose tendre, 'Suzy' dont le jaune clair fait pendant à celui, plus soutenu, de 'Graham Thomas' – toujours cet effet "miroir" – 'Vent d'Été' et 'Ballerina', roses, 'Pénélope', ivoire, et 'Buff Beauty', jaune clair.

De très hauts rosiers tiges participent également à ce décor, toujours avec un souci de symétrie et d'harmonie des tons. Et comment ne pas admirer cet 'Apple Blossom', qui monte sur le tronc d'un prunier mort et déborde de fleurs.

Mais pas de secret : si tous ces rosiers se montrent somptueux pendant plusieurs mois, c'est parce que leur jardinière remplit chaque matin des tombereaux de roses fanées qu'elle passe plusieurs heures à retirer !

Accompagnant lavandes et lis blancs, les officinales sont à l'honneur dans ces jardins, telles l'armoise qu'il suffit d'effleurer pour qu'elle exhale son parfum, les immortelles aux senteurs de curry, et toutes les sauges, verveines, romarin, thyms, menthes...

Les pots en terre cuite accueillent des agapanthes, apportant de la gaîté au décor.

Été au Sud

D'exquises senteurs envahissent ce jardin du Sud

Entouré de terrasses d'oliviers, et bordé de haies de lauriers-roses, le jardin de Caroline et Pierre Pagezy exprime la chaude atmosphère du Sud. Il ne suit pas de dessin précis, composé peu à peu, et possède le charme d'une ambiance typiquement méditerranéenne.

Les échappées sur la mer sont autant de ponctuations encadrées par les grands arbustes et les oliviers qui bordent le jardin, au sud. Un privilège pour cette belle maison dont la vie se prolonge presque toute l'année sur la terrasse. Sous ce climat privilégié, la luxuriance végétale a investi au fil des années les différentes parties du jardin, embaumant chaque coin et recoin. Un seul impératif : tenir compte du sol pierreux et du manque d'eau. Tous les classiques sont au rendez-vous – lavandes, *pittosporums*, cistes, romarins, santolines, origans, sauges, mimosas… et beaucoup de lauriers-roses, inodores mais si somptueux ! Les murets, qui ponctuent les niveaux, ont été remontés en pierre locale.

Les grosses potées de terre cuite, placées près de la maison, prolongent l'ambiance du jardin. Elles sont notamment garnies de pélargoniums dont les feuillages odorants s'expriment au passage. Les uns sans rigueur, les autres avec géométrie, les massifs bordés de lavandes et de myrtes foisonnent d'une grande diversité de plantes. Rien qu'en les regardant, avec, en fond, cette maison typiquement provençale, on ressent déjà toutes les senteurs du Midi !

Il y a quelque quarante ans, lorsqu'elle achète, avec son mari, ce terrain, Caroline Pagézy n'a pas d'idée précise sur le jardin qu'elle va y installer ! Et puis une fois la maison construite, restait à aménager progressivement l'espace alentour, bordé par des terrasses d'oliviers. En grand nombre, les végétaux ont pris leur place peu à peu, avec une seule contrainte : tenir compte de la sécheresse des restanques très exposées au soleil, et choisir des plantes résistant au grand cagnard de l'été ! Car ici, il n'est pas envisageable d'arroser, si ce n'est quelques potées près de la maison.

Des fleurs bleues qui sentent bon

Le jardin se répartit sur trois niveaux, orientés vers plusieurs directions, tout comme les lieux privilégiés de la terrasse : l'hiver, on se tient plutôt à l'est, pour éviter le vent dominant du nord-ouest ; l'été, au contraire, à l'ouest dans une partie en contrebas, plus fraîche.

Entre maison, dépendance et garage, le jardin fleuri mêle des vivaces qui s'échelonnent : germandrées (*Teucrium*), romarins, sauges, lavandes, santolines... Dans cette chaude ambiance, beaucoup de fleurs bleues : outre la lavande, les panicules à l'odeur épicée du gattilier (*Vitex agnus-castus*) émergent en été au milieu des romarins et celles des céanothes ne semblent pas, ici, craindre le calcaire du sol... En fin d'été, *Caryopteris*, pérovskias, buddleias mêlent leurs senteurs et les tons bleutés de leur floraison.

Depuis la maison et la terrasse, les différents niveaux sont marqués d'escaliers et de murets de pierre. De petits chênes verts et des plantes de sous-bois entourent la maison de verdure, d'où émergent quelques cyprès. Vers le sud, de grands arbustes masquent partiellement la mer, laquelle se dévoile avec d'autant plus de plaisir ! Les lauriers-roses resplendissent et d'une boule de pittosporums se dégage un vieil olivier. Les mélanges de fleurs, feuillages, formes, volumes... assurent le charme de ce jardin sans discipline, mais peu à peu transformé, amélioré, au fil des expériences.

Autour du bassin bordé d'une margelle de pierre qui apporte une note de fraîcheur, les plantes composent un "jardin gris" : touffes d'hélichrysums et de lavandes, et deux grosses boules taillées d'*Elaeagnus*.

Les sauges sont reines dans ce jardin, ne demandant qu'à s'épanouir sans aucune exigence, et sont encore magnifiques à l'automne. Il faut dire qu'elles bénéficient d'une coulée basaltique qui traverse le jardin, assurant une bonne épaisseur de terre et retenant exceptionnellement l'eau.

Des roses qui supportent la chaleur

De nombreux lauriers-roses cachent les murs et sont particulièrement beaux lorsque le printemps a été pluvieux ! Les *Pittosporum* 'Nana' forment de vrais coussins, couverts en début de saison de petites fleurs dont le parfum rappelle celui des orangers. Comme ils se prêtent à toutes les fantaisies, Caroline s'amuse à les tailler en topiaire. Et les myrtes tarentines (*Myrtus communis tarentina*) forment de belles bordures.

Les roses trouvent aussi leur place dans ce jardin, mais il a fallu les sélectionner en fonction de leur résistance à ce climat du sud : quelques roses anciennes supportent ces conditions et savent même s'y montrer éblouissantes : 'Bloomfield Abundance', par exemple, au feuillage léger et aux longues panicules de petites fleurs rose chair, à la forme parfaite. Ou *Rosa chinensis mutabilis*, une espèce d'églantine qui continue ici à fleurir même en hiver. 'Louise Odier' et 'Ghislaine de Féligonde' se sont bien installées, mais 'Mme Isaac Pereire' n'a pas supporté la secheresse !

Les plantes forment autour du bassin de grosses touffes dont les odeurs, renforcées par la chaleur, sont encore amplifiées par les molécules d'eau qui en émanent. La végétation abondante, spontanée ou peu à peu installée, assure presque une ambiance de sous-bois.

Parmi les variétés modernes, le grimpant 'Cocktail', aux petites fleurs simples, rouges au centre jaune, est magnifique. Mais ici, c'est aussi le pays des cistes. Près de son garage, Caroline en n'a pas moins d'une quarantaine... un peu envahissants, car ils n'aiment pas être taillés !

Un jardin gris, près du bassin

En contrebas, au bord d'un bassin, Caroline a créé un "jardin gris" : s'y côtoient la tanaisie (*Tanacetum vulgare*), les armoises du Caucase (*Artemisia lanata*) et bien d'autres petits couvre-sols argentés. Dans cette ambiance plus humide, les molécules odorantes de ces fleurs et feuillages embaument particulièrement. Des lentisques (*Pistacia lentiscus*), à l'âcre odeur de résine, et des filaires à feuilles étroites (*Phyllirea angustifolia*), assurent un fond vert toute l'année. La situation très en hauteur ne permettant pas d'avoir de grands arbres, seul un gros micocoulier est resté à l'emplacement de la terrasse. À part lui, un frêne à fleurs résiste bien à ce climat, encadré de deux sophoras. Tout autour du jardin, ce ne sont plus que des oliviers, des petits chênes verts, et quelques mimosas, pour embaumer les mois d'hiver.

Quelques agapanthes, appréciant soleil ardent et forte chaleur, mêlent leur tonalité bleue aux autres vivaces méditerranéennes ; aucun problème pour cette végétation, sauf en cas de mistral trop prolongé en janvier. Pas de dessin précis dans cette partie du jardin, mais une profusion touffue de fleurs et de feuillages.

Rien de tel que les végétaux spontanés, comme ces oliviers, pour assurer le fond du décor. Un jardin méditerranéen, c'est un mélange de styles associant plantes locales et végétaux plus exotiques de l'hémisphère sud, qui trouvent là des conditions idéales.

Sa composition n'est pas à proprement parler celle d'un jardin de senteurs, mais qui résisterait à cette ambiance ?

Des plantes grimpantes, vigoureuses et parfumées, donnent un attrait extraordinaire et une autre dimension au jardin du Moulin de la Souloire.

Les glycines y sont admirables comme cette glycine du Japon (*Wisteria floribunda*) qui décore toute la rambarde d'un pont qu'il a fallu monter à la main, planche par planche, pour ne pas la perturber. Ou encore ce rosier Banks, somptueux sur le mur, avec sa profusion de toutes petites fleurs.

Au pays du vin et des glycines

Les glycines sont une véritable passion pour Marie-José, qui collectionne une vingtaine de variétés, dont cette *Wisteria floribunda* 'Alba', peut-être la plus belle des glycines blanches. Dans ce jardin bâti autour de l'eau, les arums, ou callas (*Zantedeschia aethiopis*), apportent une note d'exotisme. Ils peuvent rester en terre toute l'année sous ce climat océanique.

En Gironde, près de Libourne, Marie-José Degas ne s'intéresse pas seulement aux vignes familiales. Elle est aussi la collectionneuse passionnée d'une vingtaine de variétés de glycines – une famille de grimpantes volubiles et parfumées, qui s'intègre au cœur d'un jardin exubérant où se réunissent des arbres peu communs.

La maison prend, à l'automne, les chaudes colorations des grimpantes qui couvrent sa façade : vigne-vierge, ipomées, vivaces sous ce climat doux, mais aussi un wattakaka (*Dregea sinensis*), intéressant aussi bien pour son feuillage que pour ses fleurs parfumées.

Dans le jardin, le décor est assuré par les tons rouges des feuilles d'automne qui donnent du relief au massif de conifères.

Vigneronne réputée pour ses vins de Bordeaux, Marie-José Degas a une autre passion, son jardin. Depuis les premières étapes de sa création, il y a près de quarante ans, elle y entretient une grande variété de végétaux capables de supporter la forte influence océanique du climat et appréciant l'ambiance humide de ce terrain, laquelle est assurée par les étangs et le cours d'eau qui alimentait autrefois le moulin de la Souloire.

Arbres et arbustes s'y développent avec générosité et exubérance, entremêlant leurs branches et leurs parfums.

Une âme de collectionneuse

Très tôt, dans les années 1970, Marie-José a décidé de transformer en jardin exotique deux hectares de la propriété familiale, y installant notamment des végétaux inconnus qu'elle ramenait de ses lointains voyages. Les bons principes des plantations et l'excellence du sol, fertilisé par les dépôts et les alluvions, ont vite transformé en jungle ses massifs, buissons et bosquets. Un aspect sauvage, sans organisation policée mais demandant un entretien quotidien qui donne à Marie-José l'occasion d'apprécier chaque jour, saison après saison, les charmes de ces espaces, leurs couleurs et leurs senteurs.

Au-delà de sa recherche d'une ambiance qui corresponde à ses goûts, Marie-José a également été séduite par l'esprit de collection : les cornouillers, dont elle réunit une grande quantité d'espèces et variétés (notamment *Cornus florida* et *Cornus kousa*), sont l'une

L'automne arrive, mais un superbe datura continue à embaumer toute la terrasse, son parfum lourd et capiteux s'intensifiant encore, la nuit venue.

Les grosses potées accueillent bien d'autres merveilles – hostas, bégonias...

À proximité, palmiers et yuccas rappellent que ce jardin jouit d'une douceur océanique.

de ses grandes fiertés. Elle apprécie leur explosion de couleurs, deux fois par an, au moment de leur floraison printanière, puis de leur feuillage d'automne.

Quant aux glycines, dont elle possède une vingtaine de variétés différentes, elles ajoutent au plaisir visuel de leurs grandes grappes pendantes celui de leur agréable parfum dont les volutes se répandent alentour par beau temps : que ce soient les glycines de Chine (*Wisteria sinensis*), les glycines du Japon (*Wisteria floribunda*), ou encore *Wisteria venusta* (ou *W. brachybotrys*), aux fleurs marquées de jaune, elles grimpent partout dans ce jardin, jamais contrariées dans leur développement.

Installées là depuis des décennies, elles ne semblent pas souffrir des tendances argileuses et humides du terrain.

Une nature généreuse

Mais les glycines ont de la concurrence dans leur assaut des supports, que ce soit le mur de la maison, les autres bâtiments ou les vieux arbres : celle des rosiers-lianes, des ipomées, ou encore des wattakakas. Cette dernière, grimpante, au drôle de nom, porte jusqu'à l'automne des petites grappes de fleurs blanches dont le parfum légèrement musqué rappelle

L'automne est une saison de prédilection au Moulin de la Souloire : les arbres et arbustes y explosent de couleurs ; même les glycines prennent de belles teintes. Dans les bosquets, les feuilles des *Cercidiphyllum japonicum* dégagent des odeurs de caramel.

Couleurs et senteurs pourraient être les maîtres mots de ce grand jardin qui bénéficie aussi du charme de ses pièces d'eau. Feuillages colorés des érables, des *liquidambars* et des *cercis*, feuilles mortes au sol, tapis de lierre, fougères et sous-bois, prêles aux odeurs herbacées, chatons odorants des saules, petits bulbes naturalisés qui attendent le prochain printemps... assurent une ambiance incomparable à ces bosquets.

justement celui des glycines.

Dans le jardin lui-même, les étangs forment des plans d'eau qui exhalent des brouillards humides dans ce terrain en creux et abritent sur leurs berges iris, arums, prêles, hedychiums... en une exubérante végétation où se mêlent plantes installées et végétation locale spontanée.

Tout pousse ici avec générosité, et Marie-José a envie de rajouter à cette déjà longue énumération ses hydrangéas, jamais bleus dans ce terrain bordelais, mais qui poussent avec beaucoup de splendeur, ou encore son *Magnolia tripetala*, avec ses feuilles géantes et ses fleurs blanches vivement parfumées.

Feux de l'automne et senteurs boisées

Outre l'épanouissement des glycines en mai et juin, Marie-José a une autre période de prédilection dans son jardin : l'automne, qui donne des teintes somptueuses à bon nombre de ses arbres – liquidambars, cornus, nyssas, cercis et autres érables. Les *Nyssa*, de la famille des cornouillers, ne sont pas très connus. Pourtant, ils offrent l'un des plus beaux feuillages d'automne, occupant rapidement un grand espace dans ce jardin très humide. L'automne est aussi l'époque où, du sol détrempé de ces massifs touffus, se dégagent des senteurs de sous-bois, mélanges de feuilles mortes, de champignons, de mousses et de terre humide.

Au bord de la Loire, est né un jardin parfumé toute l'année

Les fleurs roses éphémères des gauras, qui s'épanouissent le soir, atténuent le bleu profond des épis de la sauge, tandis qu'au potager, choux et poireaux attendent la cueillette, sur fond d'asters.

Aménagé sur une levée de la Loire, le jardin des Peroz subit, de temps en temps, les crues imprévisibles du grand fleuve et se retrouve sous un mètre d'eau ! Un prix à payer que ses propriétaires considèrent bien faible en comparaison de cette situation exceptionnelle. Pour un plaisir qui se renouvelle au fil des saisons.

Automne

L'été est terminé, mais le jardin continue d'être beau et d'embaumer, pour des plaisirs toujours renouvelés.

Au passage, on peut effleurer les feuilles des pélargoniums placés en escorte dans de grosses potées, près de l'escalier. Dans les massifs, se mêlent les couleurs variées des feuillages – ricins, hostas – et des fleurs. En fin de journée, les belles-de-nuit (*Mirabilis jalapa*) ouvriront encore pendant quelques semaines leurs corolles parfumées, et les lis sont tout prêts à épanouir leurs derniers boutons.

Avant de construire la pergola qui structure toute une partie du jardin, Jean-Paul et Élisabeth Peroz ont examiné toutes celles de la Roseraie du Val-de-Marne, à L'Haÿ-les-Roses, et étudié quelles dimensions exactes, en hauteur, en largeur et en longueur, composeraient la plus belle harmonie. Juste devant la maison, le séquoiadendron reste le témoin de toute son histoire.

Lorsque la carrière professionnelle de son mari l'amène à Angers, en 1974, Élisabeth Peroz est enthousiasmée par la douceur du climat, les paysages... mais aussi les nombreux pépiniéristes de la région, dont cette passionnée de plantes et de jardins appréciera vite le voisinage. La propriété qu'elle déniche en bord de Loire est un véritable coup de foudre, achetée en quelques heures.

Le jardin est en friche, autour d'un séquoiadendron aussi vieux que la maison, qui date de 1860. Il restera d'abord très minimaliste, composé d'un assortiment de vivaces et d'arbustes autour d'une pelouse. Élisabeth et Jean-Paul laissent même la maison en location pendant près de dix ans.

Un projet soigneusement conçu

Ce n'est qu'en 1991, à leur retour sur les lieux, qu'ils entreprennent un véritable travail d'aménagement. D'autant que pendant toutes ces années, Élisabeth a rencontré des pépiniéristes, découvert de beaux jardins en France et à l'étranger, visité des fêtes des plantes, consulté une abondante littérature, écouté préconisations et conseils.

Lorsqu'elle entreprend de concevoir son nouveau jardin, son plan s'impose comme une évidence : dessiné en une journée, il ne sera plus modifié.

Fi, d'abord, de la pelouse : elle la considère comme un terrain perdu pour toutes les plantations dont elle rêve. Labours, arrachages, désherbant en viendront à bout !

Les plantes les plus proches de la maison permettent de profiter de leurs parfums, l'hiver venu, avant même de s'aventurer dans les allées du jardin. C'est le cas de cette grosse touffe de romarin en pot, ou de ce chèvrefeuille (*Lonicera fragrantissima*).

Parmi ses plantations préférées, qui colorent, fleurissent et, pour certaines, parfument les mois d'hiver, Élisabeth cite les bergenias, muscaris, bruyères, perce-neige, crocus, narcisses 'Paper White', euphorbes, camellias, romarin, hélichrysums, chionodoxas, *Clematis cirrhosa*, *Skimmia japonica*, *Prunus tenella* 'Fire Hill', *Iris ungularis*, avec une prédilection pour les hellébores...

Pour bâtir leur pergola et aménager leur cascade, Élisabeth et Jean-Paul ont étudié, mesuré, photographié de nombreuses réalisations dans des parcs et jardins de France, et même de Grande-Bretagne.

Des végétaux qui se jouent des crues

Le "potager" – un terrain hors les murs acquis en même temps que la maison – est soigneusement préparé à la fois pour recevoir toutes les vivaces qu'Élisabeth veut conserver de son ancien jardin et pour mettre en attente ses nouveaux achats.

Une fois les aménagements en place – allées, pergola, fontaine, cascade, dallages – les premières plantations sont faites, à l'automne 1992. Le terrain, légèrement acide, est composé de limon de Loire, particulièrement fertile. Très sableux, il ne devient jamais boueux, même par fortes pluies.

Les premières années permettront d'affiner le choix des plantes, notamment pour tenir compte des crues imprévisibles qui peuvent mettre tout le terrain sous un mètre d'eau. Un phénomène qui se produit certains hivers, parfois en mai ou juin. La maison en pierres d'ardoise n'en souffre pas. Le jardin non plus, si ce n'est quelques pertes dues aux pourritures des feuilles lors des crues printanières.

Mais le souci d'Élisabeth dans le choix de ses plantes est aussi d'avoir un jardin « qui sente bon » toute l'année. Fille, petite-fille et arrière-petite-fille de jardinières, cette Lorraine n'oublie pas les hivers rudes de son enfance. Elle est ravie, ici, en bord de Loire, de pouvoir jardiner douze mois sur douze.

Le charme du jardin en hiver réside également dans l'harmonie de ses couleurs. Les petites ombelles jaune pâle illuminent les branches des cornouillers, dès février, avant même l'apparition de leurs feuilles, au cœur d'un bosquet d'arbustes mêlant leurs écorces colorées.

Privilégier les saisons d'automne et d'hiver est une revanche sur le froid, la neige et la boue gelée de ses souvenirs.

Des végétaux qui illuminent le décor

Parmi les arbustes persistants, verts ou colorés, qui assurent les fonds du décor, Élisabeth mentionne ses *Chamaecyparis pisifera* 'Filifera Aurea', *Chamaecyparis obtusa* 'Nana', *Chamaecyparis repens, Picea abies* 'Aureospicata', *Buxus sempervirens* 'Elegantissima', *Leucothoe fontanesiana* 'Rainbow'... Ainsi que, pour éclairer le jardin, les feuillages lumineux des lierres et pervenches panachés, des phormiums, du millet doré, du *Hebe* 'Purple Emperor'.

Dans ce qu'elle appelle « le petit bois », un peu plus éloigné de la maison, terrain en creux comblé par de grands apports de terre pour rehausser son niveau, Élisabeth a "copié" le bosquet d'écorces hivernales qu'elle avait admiré dans une pépinière du Pas-de-Calais, associant *Betula verrucosa* 'Gracilis', *Fraxinus* 'Jaspidea', noisetier tortueux, *Prunus serrula* x *serrulata* et *Arbutus* x *andrachnoides*.

Viburnum bodnantense, Sarcococca humilis et *hookeriana, Daphne odora* embaument l'hiver de leurs bouquets parfumés. S'y joignent, au gré des allées et des massifs, des *Camellia sasanqua, Lonicera* x *purpusii, Chimonanthus praecox*, divers *Osmanthus*, et un très précoce *Magnolia* x *loebneri* 'Neil McEacharn'.

Pêle-mêle d'idées

Profiter d'agréables fragrances au jardin, saison après saison,
c'est mettre en scène toute une panoplie de végétaux. Certaines plantes embaument tout le jardin,
d'autres, plus discrètes, demandent qu'on se penche jusqu'à leurs fleurs,
d'autres enfin laisseront leur trace odorante sur les mains qui les auront effleurées.
Au fil des saisons, et chaque jour, selon les heures,
ce ne sont pas les mêmes qui tiendront le devant de la scène.

Les abords de la maison

Une parure somptueuse

Installée sur le mur de la maison, une plante grimpante parfumée, comme cette glycine, vous apportera un grand plaisir dès la porte franchie, ou simplement la fenêtre ouverte. Un charme olfactif qui fête chaque année le retour du printemps et incite à retourner plus souvent au jardin. Vous pourrez le prolonger en associant différentes grimpantes : le wattakaka de Chine, par exemple, qui fleurit plus tard en saison.

Jardin de la Tribonnerie

Ambiance de cour

Ce foisonnement végétal à la porte de la maison transforme une petite cour en jungle odorante. Les pots peuvent être déplacés, au fur et à mesure des floraisons, pour mettre à l'honneur les plus intéressantes, ou garder à portée de main les feuillages odorants. La surface réduite sera compensée par l'exploitation des verticales. Les rosiers y font merveille, sublimés par des clématites aux couleurs pleines de contraste.

Jardin de Clémence

Décor d'auvent

Cet auvent supporte le poids d'un chèvrefeuille particulièrement vigoureux (*Lonicera japonica*), dont les fleurs en longues trompettes diffusent un parfum suave, les soirs d'été. Un enchantement lorsque les fenêtres sont ouvertes ou que l'on sort sur le pas de la porte.

Couloir d'étoiles

Un vrai charme accompagne pendant plusieurs mois ces quelques marches qui mènent par un passage touffu de la maison au jardin : plus le jasmin étoilé (*Trachelospermum jasminoides*) est âgé, plus longue sera sa période de floraison, répandant une odeur intense.

Jardin des 1001 fleurs

En quittant la terrasse

Dès ces pas japonais, le promeneur appréciera les parfums d'agrumes de ce somptueux oranger du Mexique (*Choisya ternata*), dont la magnifique floraison printanière reviendra modestement à l'automne. Ses senteurs se mêlent à l'odeur fraîche et tonique du gazon juste tondu.

Paysagiste Guy Lainé

Parfums d'hiver

L'hiver est plus chiche en végétaux parfumés, mais quel plaisir, alors, de profiter, à la porte de la maison, du parfum d'un mimosa (*Acacia dealbata*) ou d'un buissonnant daphné (*Daphne* x *burkwoodii*). Le jardin n'est pas triste, à cette période. C'est peut-être même là qu'il développe les parfums les plus puissants et les plus inattendus !

Une concentration charmante

Les jardins de curé étaient conçus pour réunir, sur un espace réduit, les plantes nécessaires à la vie quotidienne – pour se nourrir, se soigner, fabriquer son vin de messe, rendre hommage à la Vierge, symboliser l'éternité... C'est dans un autre esprit que sont aménagés nos petits jardins de curé d'aujourd'hui, aux abords de la maison : ils rassemblent un assortiment végétal pour le plus grand plaisir des yeux... et du nez. Ici, se mêlent couleurs et senteurs des sauges officinales, des hémérocalles, des roses, des géraniums vivaces...

Maison de Mallarmé

Escorte parfumée

Dans cette allée qui traverse une partie du jardin vers une zone en contrebas, le promeneur est escorté de deux bordures dont la composition a été soigneusement élaborée. Sur les feuillages argentés des stachys et des hélichrysums, ressortent les coreopsis et les lis de la Madone à l'intense odeur de miel.

Château de Mongenan

Une allée romantique

Un charme fou se dégage de cette allée. Les touffes de pivoines ne vont malheureusement pas rester longtemps fleuries, mais les grandes fleurs doubles, rose écarlate, de cette vieille variété ('Félix Crousse') sont délicieusement parfumées. Sur la tonnelle, les rosiers grimpants 'Maréchal Niel' sont également un plaisir pour l'odorat.

Un tunnel captivant

Dans cette allée toute ensauvagée que l'on suit pas à pas, le nez au vent, se mêlent œillets de Chine, digitales, petits chrysanthèmes et fausse camomille, dans une association que l'on jurerait spontanée. Les longues branches du rosier 'Albertine' l'ont transformée en tunnel plein d'odeurs qu'apprécient énormément abeilles et papillons.

Paysagiste Sonja Gauron

Bordures épicées

En début d'été, c'est une débauche de couleurs et de parfums qui charme le promeneur traversant le secteur fleuri de ce grand jardin. Les touffes vigoureuses et épicées des œillets bordent les massifs, au cœur desquels se dressent digitales et iris. Avec la chaleur qui revient, le jardin prend des couleurs et du volume, suivant une subtile alchimie.

Parfum d'exotisme

Comme une sentinelle au détour du chemin, se dresse cette touffe d'arums (*Zantedeschia aethiopica*) qui apporte une note d'exotisme dans ce jardin. Son rhizome pourra rester en terre pendant l'hiver, protégé par un épais paillage. Un peu plus loin, un seringat (*Philadelphus*), diffuse jusqu'ici son exceptionnel parfum.

Jardin des Lubet

Touffe de miel

Au gré de sa promenade, quel plaisir de découvrir cette touffe de genêt à balai (*Citysus scoparius*) dont les fleurs ont quitté le jaune traditionnel pour un ton de rose très charnel (variété 'Killiney Red'). Le soleil printanier exhale les parfums miellés de la multitude de ses petits papillons qui ont envahi les longues branches souples de cet arbuste.

Mur au parfum sucré

Composer une haie avec des arbustes parfumés, c'est multiplier d'autant son plaisir. Ce mur d'*Elaeagnus* x *ebbingei* se couvrira, à l'automne, de petites fleurs blanches qui répandront leur parfum suave.

Assortiment de lilas

Les lilas sont multiples : couleurs, formes de fleurs... et pour tous cet incomparable parfum. En alignant des variétés différentes, qui ne s'épanouissent pas en même temps, vous prolongerez cet agrément.

Parade en couleur

Tous les arbustes qui bordent ce chemin n'ont pas une floraison parfumée. Ils sont là également pour l'assortiment de leurs couleurs, formant dans ce jardin une association pétillante (genêts, rhododendrons, petits rosiers...). S'y mêleront, selon les circonstances, les senteurs vertes du gazon tout juste tondu, ou la forte odeur des fleurs du châtaignier.

Jardin de Lostanges

Détente toute en roses

Venir s'asseoir à l'ombre, sur ce vieux banc en teck, et jouir des senteurs épicées de ce rosier 'Constance Spry'... L'été sera beau dans ce jardin qui n'a rien de sophistiqué. Au gré du printemps et des massifs bordés du feuillage duveteux des stachys, se sont épanouis des iris, de grosses boules d'ail géant, d'autres rosiers...

Le Grand Courtoiseau

Cocon parfumé

Installer son salon de jardin sous une tonnelle de rosiers, c'est se garantir des moments de détente privilégiés pendant de longs mois. De vigoureux grimpants, comme 'City of York', 'Albertine', 'Seagull' ou encore 'Wedding Day', formeront de véritables rideaux de roses blanches parfumées.

Château de Berville

Fauteuil d'orchestre

Tout l'été, les grappes rose foncé que forment les minuscules petites fleurs de la valériane (*Centranthus ruber*) exhalent une forte odeur. Il faut cependant installer son fauteuil à une certaine distance, car elles sont très appréciées des abeilles et autres insectes ! S'il fait très sec, cette floraison sera moins abondante.

Choisir le bon emplacement : le gazon

Gazon d'or

Le gazon n'aime pas beaucoup le pied des arbres… Une alternative lumineuse : un parterre de narcisses comme ce 'February Gold' qui annonce le retour de chaque printemps. Ces petits bulbes se naturalisent bien (laissez les feuilles sécher sur place) et ce tapis d'or s'élargira année après année.

Les Jardins de Marie

Une rampe odorante

Toutes ces plantes restent à portée de main lorsque l'on monte les quelques marches qui donnent du relief à ce grand jardin. Outre admirer le thème pictural choisi avec cette belle association de fleurs blanches et de feuillages argentés, on ne peut s'empêcher d'effleurer de la main ces plantes dont beaucoup sont aromatiques, et de froisser notamment les feuilles des sauges.

Une bordure bénéfique

À portée de main, en bordure de massif, s'est épanouie cette grosse touffe de sauge officinale (*Salvia officinalis*), qui se couvre en début d'été de grappes de fleurs bleu-violet d'un intérêt esthétique évident. Mais c'est son feuillage qui est aromatique, dégageant un parfum citronné quand on le froisse. Utilisée en cuisine, la sauge officinale l'est aussi en médecine – un intérêt qui remonte à l'Antiquité ! Cultivée dans une terre pauvre et sèche, son arôme est encore meilleur.

À la manière de...

Dans un endroit ensoleillé, alignez une collection de pélargoniums odorants, dans des pots placés en hauteur pour les toucher facilement. Leurs fleurs ne sont pas toujours aussi intéressantes que celles-ci, mais leur feuillage, froissé entre les doigts, se décline en une panoplie de senteurs surprenantes : citron, menthe, orange, pomme, rose, absinthe... Séchées, mises dans des pots-pourris, elles conservent ces odeurs.

Au-dessus du mur

Ambiance méditerranéenne autour de cet olivier qui attend de devenir majestueux... Sur le muret, bordé de pittosporums dont les fleurs dégagent un parfum d'oranger, se mêlent des sauges de Jérusalem aux fleurs jaune d'or (*Phlomis fruticosa*), des dorycniums au feuillage argenté (*Dorycnium hirsutum*), des germandrées aux pousses échevelées (*Teucrium fruticans*), mais aussi des lavandes et des hélichrysums. Un patchwork de parfums d'été, portés par le vent. Il ne manque que le chant des cigales !

Paysagiste Yves Hervé

Habiller une tonnelle

Lorsqu'un rosier n'atteint même pas un mètre de hauteur, il n'est pas toujours facile de pouvoir apprécier le parfum de ses fleurs ! Quel avantage, alors, ont pour nous ces grands rosiers grimpants qui non seulement assurent leur merveilleux décor dans un sens vertical, mais mettent également leurs fleurs à hauteur de notre nez. En installant cette tonnelle, que ce très beau rosier 'New Dawn' n'aura mis que quelques années à conquérir, ce propriétaire a vraiment donné une autre dimension à son jardin.

Des arbres parfumés

Ayant davantage d'ampleur que les arbustes ou les touffes de vivaces, les arbres aux feuilles ou aux fleurs parfumées ont une meilleure emprise au vent qui diffuse leurs effluves. Le feuillage de cet arbre caramel (*Cercidiphyllum japonicum*) épand loin à l'automne son odeur de sucre brûlé.

Une entrée accueillante

Cette grosse touffe de ciste, ce pied de chèvrefeuille et cette pelote de pois de senteur ont un point commun : leurs propriétaires n'hésitent pas à en faire profiter les passants... Une entrée aussi accueillante est à coup sûr un atout vis-à-vis de leurs invités et de leurs visiteurs, et les plantes de leur jardin un plaisir que l'on est d'emblée prêt à partager.

Attention, cependant : veillez à ce que ces belles hôtesses, parfumées ou non, ne soient pas une gêne et n'hésitez pas à user du sécateur pour les contenir à leur juste place.

Des pots sur la terrasse

Les plantes n'expriment pas la plénitude de leur parfum au même moment de la journée : certaines sont déjà très intéressantes le matin, d'autres attendent d'être réchauffées par quelques heures de soleil, d'autres enfin embaument seulement lorsque le soir tombe. Ce n'est pas un caprice, mais une conséquence le plus souvent des habitudes des insectes qui vont les polliniser et que ces effluves ont pour mission d'attirer. C'est tout naturellement, donc, que "les plantes du soir", comme les daturas ou les héliotropes, trouveront plutôt leur place sur la terrasse, installées dans des pots à leur taille. Ces lis à tiges courtes se cultivent également très bien ainsi.

Proche de la maison

C'est aussi lorsque tombe le soir que s'ouvrent les longues trompettes des tabacs odorants (*Nicotiana sylvestris*), libérant un parfum capiteux qui se prolonge tard dans la nuit... À proximité de la maison, ce sera donc l'emplacement privilégié de cette bordure où ils s'associent à des sauges et des cinéraires, tous superbes dans leur camaïeu de gris. Un parfum encore plus intense après une petite pluie !

D'autres fleurs du soir

Leur nom parle pour elles : les belles-de-nuit (*Mirabilis jalapa*) attendent le soir pour dérouler leurs petites fleurs en entonnoir et répandre leur parfum exotique de tiaré. Le galant-de-nuit ou jasmin de nuit (*Cestrum nocturnum*) diffuse, lui, un puissant mélange de tilleul et jasmin.

Les aromatiques : où les placer ?

En couvre-sol

Les aromatiques peuvent être multipliées pour devenir de véritables couvre-sols. Des allées de pierre séparent ici les espèces et permettent de cheminer entre les carrés pour une cueillette plus facile. Le terrain doit être auparavant bien nettoyé, et planter aussi serré empêche les mauvaises herbes de trouver la moindre place. Veillez aussi à un bon drainage, pour éviter tout excès d'humidité.

En rond

Ce massif en rond, à proximité de la cuisine, est aussi décoratif qu'utilitaire. Vivaces, bisannuelles et aromatiques y mêlent fleurs et feuillages dans une belle harmonie de couleurs. Il faut veiller, bien sûr, avec une telle promiscuité, à ce que les participantes aient des besoins équivalents en lumière et en eau afin que chacune y trouve son compte.

Surélevées

La culture dans des carrés surélevés a des avantages évidents : elle évite d'avoir à se baisser pour préparer le sol, planter, nettoyer, récolter... Sur l'espace réduit d'une terrasse, c'est l'occasion de disposer à portée de main d'un assortiment d'aromatiques pour la cuisine, facile à entretenir.

Paysagiste Hugues Peuvergne

En bordure

Pourquoi ne pas exploiter la bordure d'un mur ou d'un grillage pour cultiver quelques plantes aromatiques qui apporteront leur contribution à la cuisine. En tenant compte de l'exposition et de l'arrosage, prévoyez un assortiment de plantes de soleil ou, au contraire, de plantes d'ombre. L'entretien se réduit au désherbage et à la suppression des fleurs fanées pour que celles-ci n'épuisent pas les plantes en montant en graine.

Dans un escalier

Toute simple, mais dégageant un charme fou, cette idée de poser sans façon des pots sur les marches d'un escalier. Ce bel assortiment de thym, romarin et autres aromatiques rompt la monotonie des pierres. Dans ces volumes de terre limités, il peut être nécessaire d'arroser même les aromatiques de climat sec, mais évitez les soucoupes qui empêcheraient un bon écoulement du surplus. Un excès d'eau dilue les huiles essentielles à la base des senteurs, tandis qu'un régime sec les favorise.

Pépinière du Grand Plantier

Un foisonnement rangé

Que la composition du jardin soit pleine de fantaisie ou qu'elle suive la rectitude de dessins géométriques, les aromatiques y trouveront une place de choix. Bien à l'abri des haies taillées, ces petits parterres réguliers mêlent un bel assortiment dans des camaïeux de vert. La touche mauve des fleurs de ciboulette fait oublier ses tiges alors trop coriaces pour être consommées.

Des volutes harmonieuses

Ce qu'il y a de bien avec les aromatiques, c'est qu'elles savent s'adapter à tous les styles de jardin et composer des parterres aussi harmonieux que bien d'autres plantes plus sophistiquées. Au soleil, ces petits arbrisseaux de santoline, sarriette, thym et romarin, bien taillés en volutes enchevêtrées, sont non seulement ravissants, mais embaument les lieux des senteurs de leurs feuilles minuscules.

Grands carrés protégés

Ces grandes bordures de buis, soigneusement taillées depuis de nombreuses années, sont les écrins de culture d'une collection de vivaces et d'annuelles dont beaucoup ont un intérêt, comme plantes aromatiques, condimentaires ou médicinales. Une mise en scène qui ne facilite pas l'accès aux plantes, mais qui confère à l'ensemble un graphisme très plaisant à l'œil. Elle permet aussi de concentrer les effluves émis par toutes ces fleurs et feuillages.

Création L. Genard (Pépinières de Beaufort)

Des coussins odorants

Toutes ces touffes de santoline dégagent un parfum vif et pénétrant, proche de celui de la lavande, évoquant la chaude atmosphère des jardins méditerranéens. Mais cette plante peut aussi être cultivée dans des régions au climat moins privilégié si l'endroit est bien abrité. En plein été, elle se couvrira des boutons jaune vif de ses petites fleurs, odorantes également et qui attirent les papillons.

Marqueyssac

Un coin de garrigue

Dans la chaleur parfumée de l'été du Sud, cistes et phlomis se jouent de la sécheresse et épanouissent leurs fleurs pendant des mois, d'autant plus abondamment qu'ils sont au chaud et au soleil. Au nord de la Loire, ils peuvent devenir magnifiques... mais au détriment de leur longévité et privés des senteurs de la garrigue.

Plantes en masse

La lavande est pour nous tous le plus beau symbole des paysages méditerranéens, perceptible à son odeur si facilement identifiable avant même d'être vue ! C'est plantée en masse, bien entendu, au plein soleil du Sud, qu'elle exprimera le plus son parfum, comme dans ce jardin où le bleu foncé de ses épis est éclairé par les élégantes fleurs blanches des gauras. Un tapis qui ne demande aucun entretien, si ce n'est une éventuelle taille après la floraison.

Jardin de l'Albarède

Profiter des senteurs de sous-bois

Ambiance du Sud

À l'ombre d'un grand pin parasol, les mimosas embaument ce jardin du Sud pendant plusieurs semaines d'hiver. Ces arbustes vigoureux peuvent devenir envahissants, mais outre leur parfum inimitable ils ont l'intérêt de retenir le sol des pentes abruptes, grâce à leurs nombreuses racines.

Parfums de sous-bois

Lorsque se mêlent des senteurs de feuilles mortes, de champignons, de troncs pourrissants, de mousses, de terre mouillée et d'humus, c'est toute une ambiance de sous-bois, symbolisée par ces fougères, qui charme le promeneur. Le jardin se métamorphose sous nos yeux, les lumières prennent de nouveaux reflets. L'automne est la saison préférée de beaucoup de jardiniers.

Au pied d'un arbre

Les petites primevères, qui sont parmi les premières fleurs du printemps, se naturalisent très bien au jardin, comme celles-ci, au pied de ce *Prunus serrula* à la si belle écorce rouge. Certaines complètent l'agrément de leurs couleurs par un discret parfum. Bien d'autres fleurs, notamment toutes les petites bulbeuses, apprécieront également cette place.

Clairière parfumée

Au cœur de ce bois, une clairière s'est couverte, dès l'arrivée du printemps, d'un parterre de jacinthes multiflores. Blanches, roses, mauves, beaucoup plus légères que les jacinthes de Hollande, elles se sont naturalisées au fil des années, multipliant d'autant les fragrances de leurs petits fleurons. D'autres scènes peuvent être préparées, en mélangeant ces jacinthes à des narcisses, par exemple.

PORTRAITS

Certaines sont des valeurs sûres.
D'autres, au parfum plus discret, ou plus éphémère, demandent des conditions privilégiées. Mais cette galerie de portraits prouve qu'il est tout à fait possible de donner une dimension olfactive à votre jardin, toute l'année. N'oubliez pas que l'odorat est un sens très subjectif, et que les parfums ne s'expriment pas de la même façon selon l'heure de la journée, le degré d'hygrométrie, la température... mais également la sensibilité et l'humeur du jardinier ! Et pour une même plante, cette qualité peut dépendre des espèces et des variétés.

PLANTES PARFUMÉES AU PRINTEMPS

Crocus
Crocus chrysanthus

En mars, ce petit bulbe pointe, au cœur de ses touffes de feuilles, deux à quatre fleurs arrondies et parfumées, crème à jaune d'or à l'intérieur, veinées de brun à l'extérieur. Plantés à l'automne précédent, au soleil, dans un sol léger et bien drainé, vos crocus annonceront ainsi le retour du printemps, bravant les intempéries et la grisaille de fin d'hiver. Comme pour tous les petits bulbes, c'est en grande quantité qu'ils donneront les effets les plus intéressants, aussi bien pour l'œil que pour le nez ! Laissez les feuilles jaunir après la floraison pour fortifier les bulbes en place.

Narcisses
Narcissus sp.

Il en existe des centaines de variétés, classées en douze groupes selon les caractéristiques de leurs fleurs. Les plus odorantes appartiennent aux *Tazetta*, aux *Jonquilla* et aux *Poeticus*, ces "narcisses des poètes" utilisés par les parfumeurs qui apprécient leurs notes vertes et fleuries. Vous pouvez en prévoir partout, dans la pelouse, en sous-bois, au pied d'arbustes ou d'un arbre solitaire, entre les touffes de vivaces, en potées... Ils sont rustiques et se naturalisent bien. En situation ombragée, vos narcisses fleuriront plus tard en saison, mais plus longtemps.

Muguet
Convallaria majalis

Il fait partie de ces fleurs dont on sait spontanément le nom et dont on reconnaît le parfum, à la fois suave et sucré, même les yeux fermés. Si vous en piquez en terre quelques griffes à l'automne, il s'étendra année après année dans un coin ombragé du jardin, formant en avril un tapis de clochettes odorantes. Ce sera également un approvisionnement très accessible pour apporter des brins porte-bonheur le 1er mai aux parents et amis ! Mais attention, il peut devenir envahissant, et c'est une plante toxique qu'il ne faut pas porter à la bouche.

Iris de Florence
Iris pallida

Ses fleurs bleu lavande s'épanouissent en mai et juin au sommet de grandes hampes rigides, et exhalent un parfum de fleur d'oranger d'autant plus intense qu'elles sont en grand nombre. Cette espèce apporte une touche supplémentaire

dans les jardins, avec ses variantes panachées, rayant de gris ou de crème ses grandes feuilles dressées comme des sabres, qui restent décoratives tout l'été. L'*Iris pallida* s'installe sans problème, même dans les sites les plus ingrats, au soleil et dans un sol bien drainé ou sur une butte.

Mais aussi...

C'est à l'automne qu'il faut préparer la floraison du prochain printemps en plantant des bulbes. Les jacinthes sont souvent odorantes, exhalant des parfums puissants, comme cette variété 'Blue Magic'. Mais quelques tulipes seulement dégagent une odeur : 'Peach Blossom', par exemple, 'Monte Carlo' ou 'Apricot Beauty'.

Plantes parfumées au printemps

Oreille-d'ours
Primula auricula

Cette petite vivace porte au printemps des ombelles de fleurs parfumées, aplaties, différemment colorées selon les cultivars, avec souvent une tache centrale d'une

autre couleur. Ses feuilles ovales, persistantes, vert pâle à gris-vert, ont un aspect farineux d'où vient probablement son nom vernaculaire d'"oreille-d'ours". Elle fait partie de la famille des Primevères qui trouvent leur place en de nombreux endroits au jardin : au bord de l'eau, dans un massif, dans une rocaille, dans une pelouse, ou encore au pied d'un arbre.

Œillet de poète
Dianthus barbatus

De toutes ces petites fleurs simples, blanches, saumonées, roses ou rouges, parfois bicolores, émane un parfum mêlant des senteurs de poivre et de clou de girofle, agréable et délicat, dont l'intensité dépend des cultivars. Très rustiques, ces petits œillets vont rester quelques années au jardin, dessinant un beau tapis, mais dont les taches de couleurs doivent être suffisamment grandes pour lui garder tout son attrait. Bien que préférant des sols légers, ils supportent des sols riches, même argileux, et une situation au soleil ou à mi-ombre.

Giroflée ravenelle
Cheiranthus cheirii

Au cœur de larges touffes robustes, très ramifiées à la base, ces tiges raides, bien droites, portent au printemps des grappes de fleurs veloutées. Elles ont des teintes superbes, chaudes et gaies, parfois striées ou panachées. Le soir, ces fleurs émettent un parfum poudré, un peu poivré, qui évoque celui du clou de girofle, parfum dont la plante tire son nom. Faciles à cultiver, les giroflées ravenelles s'épanouissent dans tous les sols, pourvu qu'ils soient bien drainés, de préférence au soleil, au pied d'un vieux mur ou dans une plate-bande. Elles se plaisent très bien en bord de mer.

Aponogeton
Aponogeton distachyos

C'est une plante aquatique, dont les longues feuilles flottantes, vert vif, sont pratiquement persistantes si l'hiver est doux. Au printemps, mais également à l'automne, se dressent juste au-dessus de la surface de l'eau des grappes de petites fleurs blanches en forme de Y, qui ressemblent un peu à des orchidées et dégagent un plaisant parfum d'aubépine. Il faut installer cette plante dans un bassin, sous 30 cm à 1 m d'eau, dans une terre lourde, ou dans un grand panier pour plantes aquatiques, à l'ombre. Elle est rustique si le rhizome se trouve au-dessous du niveau de gel. Seuls ennemis : les escargots d'eau et petits poissons qui viennent la brouter.

Skimmia
Skimmia japonica

Les feuilles ovales, vert foncé, de cet arbuste sont légèrement aromatiques. Mais les fleurs, qui apparaissent en avril-mai, en panicules blanches, parfois ombrées de rouge ou de rose, sont, elles, très parfumées. Les plantes femelles, qui ont une floraison moins développée mais plus odorante, resteront très décoratives avec leurs nombreux fruits rouges. C'est une plante de terre de bruyère à placer au soleil ou à mi-ombre, à l'abri des vents froids.

Citronnier et autres agrumes
Citrus sp.

Tout sent bon chez les Citrus, genre qui regroupe presque

tous les agrumes, petits arbres ou arbustes à port arrondi, souvent épineux : les feuilles lustrées exsudent une huile parfumée, les petites fleurs blanches ont une délicieuse odeur… de fleur d'oranger, et les fruits sentent également bon. Mais ils sont frileux et ne supportent que de courtes périodes à 0 °C. Il faut les cultiver en pot, à rentrer l'hiver en serre.

Julienne des dames
Hesperis matronalis

Au cœur d'une touffe dressée, de mai à juillet, ses grappes de fleurs, lilas ou pourpres,

parfois blanches ou lilas pâle, dégagent un parfum très doux qui embaume les longues soirées. Ces fleurs, à quatre pétales en croix, sont très appréciées des insectes. La plante peut devenir envahissante en se ressemant spontanément. La souche doit être rajeunie tous les deux à trois ans, car elle devient alors moins florifère. La variété naturelle à fleurs blanches, *Hesperis matronalis* var. *albiflora*, est plus robuste, mais son parfum est moins intéressant. C'est une plante qui peut être installée au soleil ou à mi-ombre.

Plantes parfumées au printemps

Fothergilla
Fothergilla sp.

Des arbustes ravissants, à cultiver pour leurs épis de fleurs odorantes qui s'épanouissent au printemps avant que ne sortent les feuilles (ou en même temps). Leur intérêt se prolonge à l'automne, par les très belles couleurs cramoisies que prend le feuillage avant de tomber. À installer dans un massif de terre de bruyère, éventuellement en sous-bois, mais sachant que le plein soleil augmentera la floraison et l'intensité de leurs teintes automnales. Ce genre ne compte que deux espèces : le petit *Fothergilla gardenii*, buissonnant et touffu, qui fleurit dès le mois de mars, et *Fothergilla major*, un peu plus grand, au port dressé, dont les fleurs, parfois teintées de rose, apparaissent en mai-juin.

Amélanchier
Amelanchier asiatica

Ce petit arbre d'origine asiatique, de la famille des Rosacées, ne fait pas partie des grands classiques. Il est bien intéressant, pourtant, avec ses branches arquées sur lesquelles se dressent en mai des grappes de fleurs blanches en étoile, parfumées. Son intérêt décoratif se poursuivra avec ses fruits bleu-noir, qui attirent les oiseaux – consommables une fois cuits – et ses feuilles qui prennent des teintes orangées et rouges à l'automne. Très rustique, il se plaît au soleil ou à mi-ombre, dans un sol frais mais bien drainé, et tolère le calcaire. D'autres espèces viennent d'Amérique du Nord, dont certaines ont également une floraison parfumée, comme *Amelanchier laevis*. Ceux-ci craignent le calcaire.

Dipelta
Dipelta floribunda

Un arbuste plein d'intérêt, avec son écorce brun clair qui dessine de jolis dessins sur le tronc en s'exfoliant, ses longues feuilles vert pâle à la pointe aiguë, et surtout, pour notre jardin parfumé, de belles fleurs en forme de campanule, qui dégagent de délicieuses senteurs miellées. Elles sont solitaires ou réunies en corymbes à l'aisselle des feuilles, rose pâle avec une gorge jaune. À planter au soleil ou à mi-ombre, à l'abri du vent, dans un sol fertile et bien drainé, de préférence alcalin. *Dipelta ventricosa* est une espèce voisine, aux fleurs également parfumées, mais un peu moins rustique.

Oranger du Mexique
Choisya ternata

Cette variété 'Aztec Pearl' est plus précisément un croisement de *Choisya ternata* et *C. arizonica*, très reconnaissable par la finesse de son feuillage vert foncé, persistant, et son abondante floraison blanche qui se prolongera en fin d'été. C'est un arbuste original et élégant, qui s'adapte très bien à une culture en bac. Comme le laisse supposer leur nom, les

"orangers du Mexique" se couvrent en mai/juin de fleurs qui ressemblent et dégagent le même parfum que... des fleurs d'oranger. Au jardin, donnez à ce bel arbuste arrondi une situation ensoleillée et abritée.

Céanothe
Ceanothus sp.

Ces arbustes portent de magnifiques floraisons de panicules bleues, cette couleur se déclinant dans une large palette de tons, selon les espèces et les cultivars. Ils sont parfois appelés "lilas de Californie" en raison du parfum délicat de leurs grappes de toutes petites fleurs, mais il faut reconnaître qu'il n'est pas toujours perceptible ! Les céanothes sont à feuillage persistant ou caduc. Les premiers, qui fleurissent au printemps, sont assez frileux, et apprécient tout particulièrement le climat des bords de mer. Les seconds, qui fleurissent tout l'été, sont beaucoup plus résistants.

Magnolia
Magnolia 'Jane'

Les magnolias sont une grande famille, avec une centaine d'espèces d'arbres ou d'arbustes, à feuillage persistant ou caduc, dont les fleurs sont plus ou moins parfumées, avec des notes olfactives variées, plus ou moins complexes. Les grandes coupes blanc pur du *M. grandiflora* 'Galissonière', par exemple, sentent la bergamote ; les petites fleurs du magnolia japonais kobus dégagent une odeur citronnée. Certains hybrides sont également très intéressants, comme celui-ci, 'Jane', aux fleurs roses, dont le parfum prend encore plus d'importance en fin de journée. Les magnolias s'adaptent à de nombreuses situations, soleil ou mi-ombre.

Et bien évidemment...

Cette liste de plantes parfumées au printemps ne saurait bien sûr être exhaustive et s'attache à vous révéler plutôt des surprises. Il serait possible, certes, de la prolonger sur des pages et des pages. Comment ne pas rappeler, par exemple, les merveilleux lilas (*Syringa sp.*), dont le parfum évoque tant de souvenirs d'enfance.

Plantes parfumées au printemps

Pivoine
Paeonia sp.

Les pivoines ne sont pas seulement de superbes fleurs. Certaines variétés sont également intéressantes pour leur parfum, proche de celui des roses, comme cette 'Red Charm'. Les unes sont des pivoines arbustives, aux tiges ligneuses (*P. suffruticosa*), les autres des pivoines herbacées, dont les touffes vivaces

disparaissent en hiver (*P. lactiflora*). Plantez-les à l'automne, en plein soleil, ou à mi-ombre dans les régions plus chaudes, dans une terre de jardin bien drainée, en gardant le pied dégagé. Coupez les têtes défleuries.

Glycine
Wisteria sp.

La très célèbre glycine peut prendre bien des aspects, formée, par exemple, en arbre et cultivée en pot. Cette grimpante vigoureuse peut vivre centenaire et tordre jusqu'au fer des grilles auxquelles elle s'accroche. Ses petites fleurs papilionacées sont blanches ou se déclinent dans des tons de mauve. Par beau temps, des volutes parfumées très caractéristiques embaument alentour, particulièrement intenses

chez *W. sinensis* 'Alba', *W. venusta*, ou encore *W. venusta* 'Rosea'. Installez-la dans une bonne terre de jardin, pas trop calcaire, au soleil ou à mi-ombre, sur un support suffisamment solide.

Akébie
Akebia quinata

C'est une plante grimpante, volubile et vigoureuse, aux feuilles arrondies, coriaces, semi-persistantes. En avril, elle porte des fleurs brun pourpré au parfum épicé. Dans un même bouquet retombant se trouvent des petites fleurs mâles, rose-mauve, et des fleurs femelles plus grandes, composées de trois pétales violacés. Des fruits de la forme et de la taille d'un œuf, de couleur prune, se développent lorsque l'été est chaud. Ces lianes peuvent être installées au soleil ou à mi-ombre, sur un grillage, une pergola ou sur un mur, guidées par des fils.

La rose, toujours reine

Elle est pour tous, passionnés ou jardiniers débutants, le symbole de la fleur parfumée... Un critère de choix primordial, face aux centaines de variétés disponibles, classiques ayant fait leurs preuves ou récentes obtentions. Parmi les premières, 'Mme Isaac Péreire', la référence, ou encore 'Rose des Peintres'. Et, pour les secondes, 'Hacienda', 'Lolita Lempicka', 'Rose de Rennes'...

Clématite du Père Armand
Clematis armandii

Une grimpante qui se couvre au printemps de fleurs dégageant un fort parfum, mais gardant aussi un intérêt toute l'année avec un feuillage persistant. Le parfum, à base de senteurs de fleur d'oranger et de vanille, avec une pointe d'amande, s'accentue au fur et à mesure que la température augmente. Cette clématite est à peu près rustique partout, mais il vaut mieux l'installer à l'abri des vents froids et protéger ses jeunes tiges pendant les premiers hivers. La variété 'Apple Blossom' est particulièrement intéressante.

Clématite des montagnes
Clematis montana

Ses longues tiges flexibles portent une multitude de petites fleurs blanches ou roses, formées de quatre pétales en croix. Plantée au pied d'un mur ou d'une pergola, dans un sol enrichi, le pied à l'ombre et la tête au soleil, elle pourra garnir en quelques années des surfaces impressionnantes. Les jeunes plantes fleuriront rapidement, mais il faut tout de même attendre quelques années pour que cette floraison devienne spectaculaire et embaume tout le jardin. Choisissez 'Mayleen', 'Fragrant Spring' ou wilsonii.

Bignone à vrilles
Bignone capreolata

C'est la seule espèce du genre *Bignonia*, les autres bignones étant botaniquement classées dans le genre *Campsis*. Cette grimpante, originaire des forêts humides d'Amérique du Nord, garde ses feuilles persistantes, formées de deux longues folioles et d'une vrille fine qui permet aux tiges grêles de s'agripper au support. Ses fleurs denses et ramassées, composées de deux à cinq trompettes, rouge orangé à l'extérieur, jaunes à l'intérieur, dégagent une odeur qui évoque le café ou le chocolat. Palissée le long d'un mur exposé au sud, elle résiste à une faible gelée, mais il est prudent de protéger le pied par un paillage en hiver. Elle ne demande aucune taille particulière.

Et encore...

Dans la famille des Jasmins, *Jasminum polyanthum* est une superbe espèce, avec ses fleurs blanches à l'intérieur, rosâtres à l'extérieur et particulièrement parfumées. Son intérêt est de fleurir au tout début du printemps, mais, étant à peine rustique, il lui faut un coin ensoleillé, à l'abri de tout risque de gel.

PLANTES PARFUMÉES EN ÉTÉ

Cosmos chocolat
Cosmos atrosanguineus

Ces belles fleurs veloutées, brun pourpré aux reflets noirs, émettent de très nettes odeurs de chocolat. La plante est une vivace tubéreuse qui disparaît des massifs et plates-bandes pendant plusieurs mois et ne recommence à sortir qu'en mai. Elle semble rattraper alors le temps perdu en poussant à toute allure. S'il fait très froid, il est préférable de déterrer et rentrer les tubercules, comme pour les dahlias. Le tout nouveau 'Chocomacha', plus compact, fleurissant de mai à octobre, au soleil ou à mi-ombre, devrait être aussi très intéressant.

Phlox
Phlox sp.

Cette plante vivace disparaît l'hiver et revient au printemps, composant rapidement de grands massifs colorés qui dégagent un parfum discret. Certaines espèces et cultivars sont beaucoup plus présents, avec une note poivrée, à choisir parmi les *Phlox maculata*, les *Phlox paniculata* ou les petits *Phlox divaricata*. Couper au fur et à mesure les inflorescences fanées assure leur floraison jusqu'en fin de saison. Et pour prolonger dans la maison le plaisir qu'elles distillent, ce sont aussi d'excellentes fleurs à bouquets.

Belle-de-nuit
Mirabilis jalapa

Un nom vernaculaire qui explique son mode de vie : chacune de ces belles fleurs en trompette s'ouvre en fin d'après-midi et se referme le matin suivant… Ce n'est que tard dans la soirée que vous pourrez apprécier leur parfum tropical. À installer donc à proximité de la maison. Ces fleurs sont de couleurs vives – rouges, roses, jaunes ou blanches, certaines rayées, présentant souvent plusieurs coloris sur la même plante. C'est une vivace tubéreuse à installer en plein soleil, dans un sol bien drainé, avec un arrosage régulier.

Réséda
Reseda odorata

Cette plante n'est pas particulièrement spectaculaire, avec ses grands épis blanchâtres ou jaune-vert, mais elle fut très populaire au XIXe siècle, sous le nom de "mignonnette", et au XXe, sublimée dans un célèbre poème d'Aragon. Le réséda est passé de mode, mais c'est dommage, car le parfum de ces grappes légères composées de toutes petites fleurs en étoile, peut encore délicieusement agrémenter les plates-bandes. C'est une annuelle qui pousse vite, qui se plaît au soleil, mais qu'il faut arroser régulièrement. Elle supporte très bien le climat de bord de mer. Enlever les fleurs fanées prolonge la floraison.

Majestueux lis

C'est en été que fleurissent les séduisants lis, *Lilium regale*, *Lilium longiflorum*, ou encore *Lilium auratum*, au parfum pénétrant, aussi extraordinaires que la forme parfaite de leurs fleurs. Ils peuvent être cultivés en massif ou en pot, dans un sol bien drainé pour éviter toute pourriture du bulbe.

Herbe aux perruches
Asclepias

Elle porte ce nom en raison de ses fruits groupés en haut des tiges comme une ronde de petites perruches vertes. Mais auparavant, en juillet et août, ses fleurs en ombelle auront embaumé le miel et la vanille. C'est une plante mellifère, qui trouve parfaitement sa place dans un massif ou un jardin "sauvage". Mais il faut faire attention de ne pas abîmer la souche de cette vivace herbacée qui rentre assez tard en végétation. De plus, elle est peu rustique et demande un bon paillage en hiver. Prévoyez également de tuteurer ses tiges, très flexibles.

Tabac sylvestre
Nicotiana sylvestris

Ces grandes trompettes blanches, si caractéristiques, exhalent les soirs d'été un parfum sucré et capiteux. Une qualité que l'on ne retrouve pas chez tous les hybrides, qui ont plutôt été sélectionnés pour la couleur de leurs fleurs. Les tabacs se cultivent en plantes annuelles, incitant à leur donner une place différente chaque année, au gré de l'aménagement de ses massifs et plates-bandes. Les plants sont à installer dans une terre bien bêchée, au soleil, et suffisamment espacés car ils prennent vite de la place. Ils apprécient les apports d'eau et d'engrais.

PLANTES PARFUMÉES EN ÉTÉ

Onagre du Missouri
Œnothera macrocarpa

Voilà une plante tapissante, aux feuilles étroites, couverte tout l'été d'une éclatante floraison jaune pur. Ses grosses fleurs sont éphémères, mais se renouvellent continûment, s'épanouissant surtout en soirée en dégageant des parfums de fleurs d'oranger. Au soleil ou à mi-ombre, sans souci du sol – frais ou sec, fertile ou pauvre, acide ou alcalin –, cette “herbe aux ânes” se ressème spontanément. Elle est intéressante aussi en bac ou jardinière. Et pour les curieux, il paraît que les racines sont comestibles !

Hémérocalle
Hemerocallis

Quelle bonne composition ont ces vivaces, particulièrement résistantes et florifères, qui s'accommodent de toutes les situations – plein soleil ou mi-ombre, terrain sec ou humide, acide ou calcaire, léger ou lourd –, n'attrapent pas de maladies et ne gèlent pas ! Certaines espèces botaniques sont parfumées, comme cet *H. lilioasphodelus*, qui rappelle le chèvrefeuille, ou *H. citrina*, qui dégage un parfum de fleur d'oranger. Parmi les hybrides horticoles, certains ont également cette qualité, avec une propension plus importante pour les couleurs pâles.

Abélia
Abelia sp.

On ne pense pas forcément à ces arbustes lorsque l'on recherche des végétaux parfumés, pourtant, leurs fleurs, petites clochettes qui se succèdent de mai aux gelées, sont parfois délicatement odorantes. C'est le cas de ces *Abelia* x *grandiflora*, au feuillage semi-persistant, d'*Abelia triflora*, le plus grand et le plus intéressant, avec ses senteurs de jasmin, et d'*Abelia chinensis*, un arbuste caduc pour les climats doux, au subtil parfum de chèvrefeuille. Montrant une excellente résistance aux vents et aux embruns, les abélias sont d'excellentes plantes de bord de mer, notamment en haies. Ils ne craignent que les grands froids.

Héliotrope du Pérou

Heliotropium arborescens

Un buisson éphémère, aux inflorescences compactes formées de minuscules fleurs tubulées bleu-violet ou bleu lavande, dont le parfum vanillé attire tout l'été papillons et autres insectes. Les héliotropes sont à cultiver comme plantes de décoration estivale, en pleine terre ou en potée, dans un sol fertile, frais et bien drainé, et au soleil : ils ne supportent pas le froid au-dessous de –5 °C. Hors des climats doux, il n'est donc pas possible de les conserver en hiver autrement qu'en pots, placés en serre froide. Il en existe de nombreux hybrides et cultivars, apportant des nuances de couleurs.

Et les arbres...

Eux aussi participent à la conception d'un jardin parfumé par les odeurs de leur feuillage (comme les arbres caramel, les eucalyptus, les lauriers...) ou de leurs fleurs, comme les très classiques tilleuls (ici *Tilia henryana*) qui répandent, surtout le soir un délicieux parfum.

Troène

Ligustrum sp.

Moins utilisé qu'auparavant, cet arbuste est pourtant bien intéressant, acceptant tous les sols, même mauvais, le soleil ou la mi-ombre, résistant aux maladies et au froid. En début d'été, il se couvre de panicules de petites fleurs blanches, dont la bonne odeur se répand dans le jardin. Traditionnellement utilisés en haies, car ils supportent très bien la taille et leurs petites feuilles coriaces persistent longtemps, les troènes peuvent aussi être cultivés en massif ou en sujets isolés. Pour jouir au maximum de ces fleurs, taillez en fin d'été, après la floraison.

Arbre de neige

Chionanthus sp.

Un petit arbre bien ramifié, au port étalé et aux longues feuilles lustrées. Il porte, en début d'été, des panicules retombantes dont les fleurs forment des bouquets vaporeux, avec leurs pétales comme des lanières, légèrement parfumés. *Chionanthus retusus*, l'arbre à franges, supporte assez bien le calcaire, tandis que ce *Chionanthus virginicus*, l'arbre de neige, préfère un sol acide, mais ils sont tous les deux rustiques. Le premier est remarquable par son écorce dont on profitera d'autant plus qu'il reste isolé.

Plantes parfumées en été

Virgilier à bois jaune
Cladrastis lutea
(ou C. kentukea)

Ce grand arbre à la cime large garde un aspect léger, avec ses longues feuilles composées, vert brillant, et ses grappes pendantes de fleurs blanches et parfumées. Il fait partie de ces arbres qui prennent avec

bonheur, à l'automne, de belles colorations dorées. Il préfère les sols fertiles et les expositions chaudes, mais croît assez lentement. Sa floraison ne se manifeste qu'au bout de quelques années et se montre malheureusement irrégulière dans la moitié nord de la France. Son nom botanique évoque la fragilité de ses rameaux.

Lavande
Lavandula sp.

L'un des plus beaux symboles des parfums d'été... La lavande vraie, *L. angustifolia*, est une vivace au feuillage persistant gris argenté, qui se couvre tout l'été d'épis d'un bleu si caractéristique qu'il a donné son nom à cette nuance. Plus petite, la lavande aspic, *L. latifolia*, aux feuilles blanchâtres et fleurs violettes ; celles de la lavande papillon, *L. stoechas*, ont une forme originale, avec des pétales dressés comme des ailes.

Seringat des jardins
Philadelphus coronarius

Certains considèrent ce bel arbuste comme l'un des plus parfumés ! Son surnom de “jasmin des poètes” exprime bien les senteurs qui émanent de cette multitude de petites fleurs, solitaires ou en bouquets, simples ou doubles, blanc pur ou crème, parfois marqué de pourpre, dévoilant des étamines dorées. Cette floraison est éphémère mais somptueuse, le parfum plus ou moins intense, selon les hybrides : celui de ‘Belle Étoile’ est sucré, ‘Bouquet Blanc’ orangé, ‘Silberregen’ original avec ses notes de fraise.

Chèvrefeuille des jardins
Lonicera caprifolium

C'est en début d'été que fleurit ce chèvrefeuille dont les petites fleurs blanc crème, ou jaune teinté de rose, embaument l'air. Un parfum acidulé qui atteint son apogée le soir. Parmi les autres espèces et variétés, vous serez particulièrement séduit par *L. periclymenum* ('Graham Thomas'), *L.* x *heckrottii* ('Goldflame') ou *L. japonica* ('Hall's Prolific'). Les chèvrefeuilles sont des grimpantes vigoureuses qui s'accrochent au support – treillage, arbre, haies – en y entourant leurs tiges volubiles, sans l'aide de crampons. C'est près de la maison, bien sûr, que vous en profiterez au maximum.

Jasmin étoilé
Trachelospermum jasminoides

Un parfum typique de jasmin pour cette grimpante dont les petites fleurs blanches ont une forme d'hélice en étoile. Très répandu dans le Sud de la France, il peut cependant conquérir les jardins du Nord, car il résiste au gel jusqu'à –10/–15 °C. Installez-le au pied d'une pergola ou d'un treillage, au soleil ou à mi-ombre, dans un sol léger, sans risque d'excès d'eau pendant l'hiver. Son feuillage est persistant, brillant et coriace.

Wattakaka
Dregea sinensis

Un drôle de nom pour cette plante grimpante, dont les fleurs blanc rosé dégagent tout l'été un parfum fleuri et musqué qui rappelle celui de la glycine. Ses grandes feuilles caduques, en forme de cœur, sont finement duveteuses.

Venue de Chine il y a une centaine d'années, elle avait été ensuite oubliée, mais revient aujourd'hui avec bonheur dans nos jardins. Très volubile, elle a besoin d'un support pour grimper à l'assaut des murs. Et c'est une frileuse, qui ne supporte pas les températures au-dessous de –5/–10 °C, qu'il faut donc protéger dès qu'il fait froid par un bon paillage au pied.

Parfums de grimpantes

Les fleurs de ce pois de senteur (*Lathyrus odoratus*) exhalent un parfum mêlant le miel et la fleur d'oranger. D'autres grimpantes, moins connues, embelliront aussi vos soirées : *Araujia sericifera*, en fin d'été, à réserver aux climats doux, ou *Holboellia coriacea*, au printemps.

Plantes parfumées à l'automne

Glaïeul d'Abyssinie
Acidanthera murielae

Cette jolie bulbeuse, qui ressemble au glaïeul par son port et ses feuilles, porte de grandes fleurs blanches, en entonnoir, au sommet de ses longues tiges rigides. Elles dégagent, surtout dans la tiédeur des premiers soirs d'automne, un puissant parfum de narcisse. Les *Acidanthera* ne sont pas rustiques, et plutôt à cultiver en pot ou jardinière.

Ce n'est que dans les jardins du Midi ou de l'Atlantique qu'ils peuvent être mis en terre, où ils formeront en quelques années des touffes impressionnantes.

Gingembre sauvage
Hedychium coronarium

Cette vivace herbacée, qui se développe à partir d'un rhizome, forme de grandes touffes au feuillage luxuriant. En été et à l'automne, s'y épanouissent des fleurs blanches au cœur jaune, avec des pétales en forme de papillons, suavement parfumées. C'est une plante de culture facile, mais très gourmande en eau, qui trouve donc naturellement sa place près d'un bassin ou d'une fontaine. Il faut rabattre la touffe après la floraison : elle repoussera vigoureusement au retour du printemps.

Camellia d'automne
Camellia sasanqua

Un vrai joyau d'automne, ce petit arbuste aux branches souples, et aux fleurs simples, qui exhalent un délicat parfum de thé au jasmin et dont les pétales en tombant vont former sur le sol un tapis coloré. Il se porte particulièrement bien dans les régions au climat océanique, avec une forte humidité ambiante, abrité des vents. Évitez-lui les sols lourds, très calcaires ou très acides, les excès de chaleur qui grillent son feuillage persistant et les ombrages trop denses.

Osmanthe
Osmanthus sp. ou Osmarea

Selon les espèces, les osmanthes fleurissent au printemps, en été ou en automne. Ce sont, pour cette arrière-saison, les bouquets de fleurs blanches d'*Osmanthus heterophyllus* et d'*O.* x *fortunei* qui embaument les jardins de leur odeur fruitée. Leurs feuilles sont persistantes et vernissées, piquantes comme celles du houx pour le premier. Ces arbustes sont longs à s'établir, mais rustiques et sans exigences. Ils sont à installer en groupe, isolés, en formation de haie, ou même en pots. On peut leur donner une belle forme en les taillant après la floraison.

Datura
Brugmansia sp.

Ces grandes trompettes retombantes, blanches, jaunes ou roses, émettent un parfum lourd et capiteux, qui s'intensifie encore la nuit. Les daturas sont à installer bien à l'abri, à une exposition ensoleillée ou mi-ombragée, dans un sol fertile et perméable. Ce sont des plantes gourmandes qui apprécient un apport d'engrais pendant la floraison. Comme elles sont peu rustiques, il est préférable de les cultiver en pots hors des régions au climat privilégié. Attention : toutes les parties de cette plante sont toxiques.

Clérodendron
Clerodendrum sp.

Les clérodendrons sont des arbustes ou petits arbres d'origine tropicale qui portent, d'août à octobre, selon les espèces, des ombelles très odorantes. Celles de cet extraordinaire *C. fragrans*, aux nombreuses fleurs doubles très serrées, blanches à revers roses, parfois teintées de bleu, émettent un fort parfum musqué. Craignant le gel, il est à cultiver en pot pour être rentré en serre en hiver. Les fleurs blanches en étoile de *C. trichotomum* ont une odeur qui rappelle le jasmin. Celles de *C. bungei* forment de superbes panicules rose foncé.

Plantes parfumées à l'automne

Dame de la nuit
Cestrum sp.

Les fleurs blanc crème de *Cestrum nocturnum*, et jaunes de *Cestrum parqui* n'ont aucun intérêt dans la journée, mais en fin de journée, en septembre et octobre, elles libèrent un séduisant parfum qui évoque le jasmin. Ces arbustes ne peuvent être cultivés en pleine terre que sous les climats les plus favorables. Ailleurs, ils sont à réserver aux potées qui pourront être rentrées en serre froide avant les premières gelées (*C. parqui* est un peu plus rustique).

Éléagnus
Elaeagnus x *ebbingei*

Les petites fleurs blanchâtres, presque cachées sous le feuillage persistant, de cet arbuste buissonnant, s'épanouissent en septembre/octobre et émettent, pour la plupart, un parfum sucré et suave qui se répand alentour. Il se plaît particulièrement en climat maritime, dans un sol ordinaire, acide ou alcalin, mais pas trop sec. Il trouvera partout sa place au jardin, en haies libres ou taillées, mais aussi isolé, en groupe, palissé, ou même dans un grand pot.

Arbre caramel
Cercidiphyllum japonicum

Son nom commun n'est pas usurpé : les feuilles de ce petit arbre sentent vraiment le caramel lorsqu'elles prennent leurs couleurs mordorées à l'automne, jaunes, orangées, écarlates ! Et cette odeur, plus marquée lorsque la journée est chaude, persiste après la chute des feuilles. C'est un arbre rustique, mais qu'il vaut mieux installer en situation abritée pour que les gelées printanières n'endommagent pas ses jeunes feuilles. Il faut aussi lui réserver une place suffisante, car il peut atteindre une taille imposante, jusqu'à 20 m de hauteur, et prendre de l'envergure, avec ses branches horizontales.

Heptacodion
Heptacodium miconioides
(ou *jasminoides*)

On connaît peu cet arbuste rapporté de Chine en 1980 seulement, par des botanistes américains. Mais avec sa belle écorce claire qui se desquame, ses feuilles pointues aux nervures bien marquées et ses petites fleurs blanches parfumées attirant abeilles et papillons, il a le grand mérite de prolonger l'été au jardin. S'il préfère un sol frais et une exposition ensoleillée, en revanche, il sait très bien résister aux vents, au froid hivernal et à la chaleur estivale. Un arbuste facile de culture qui a tout pour plaire, avec son odeur de jasmin.

Sauges
Salvia sp.

Une vaste famille, dont les plantes sont reconnaissables à leur tige carrée, leurs fleurs en forme de lèvres et leurs feuilles en étages perpendiculaires. Beaucoup sont des plantes aromatiques, dont les feuilles froissées dégagent des parfums de menthe, de pomme, de lavande, de cassis, d'ananas...

Mais chez celle-ci, *Salvia ambigens* (ou *S. guaranitica* 'Blue Enigma'), ce sont les fleurs bleu foncé qui sont odorantes, épanouies à l'automne. C'est une plante de rusticité moyenne, qui demande un emplacement chaud et à l'abri du vent. Il est conseillé de rabattre ses touffes à 10 cm après la floraison et de pailler la souche.

Plantes parfumées en hiver

Edgeworthia
Edgeworthia chrysantha

Ces boules jaunes de fleurs tubulaires, couvertes de poils blancs qui leur donnent un air soyeux, apparaissent en février-mars en haut de leurs grosses tiges. C'est l'un des arbustes parfumés de l'hiver, à planter contre un mur au sud, ou dans une serre fraîche. Dans le Midi, il se plaira dans un massif en sous-bois : il aime que l'été soit long et chaud, mais avec de l'eau... *E. gardneri* a des fleurs plus allongées, mais il est moins rustique.

Néflier du Japon
Eriobotrya japonica

Les fleurs qui parfument nos jardins en automne et hiver sont souvent blanc crème ou jaunes, comme le sont ces grandes grappes. Cet arbre fruitier est à installer au soleil ou à mi-ombre, à l'abri des vents froids et violents. Ses fleurs étaient fréquemment utilisées autrefois en parfumerie, appréciées pour leur odeur d'amande. Mais son intérêt ne s'arrête pas là : les feuilles étaient également employées dans la pharmacopée traditionnelle chinoise. Les fleurs vont se transformer en nèfles, fruits très juteux et riches en calcium et vitamine A.

Chèvrefeuille odorant
Lonicera fragrantissima

Cet arbuste au feuillage caduc ou semi-persistant, au port étalé avec ses branches arquées, se couvre de décembre à mars de fleurs tubulaires blanc nacré, portées par paires à l'aisselle des feuilles, et très parfumées. Une floraison d'autant plus dense que l'arbuste sera bien protégé contre un mur. Ses flagrances fleuries, qui rappellent le jasmin, se diffusent tout alentour, devenant même

intenses dans la soirée. Les chèvrefeuilles odorants, ou chèvrefeuilles d'hiver, peuvent être utilisés isolés, en arrière-plan dans des massifs ou intégrés dans des haies panachées. Quelques rameaux coupés parfumeront toute la maison.

Viorne
Viburnum x *bodnantense*

De novembre à mars, ses fleurs délicates et parfumées forment de petits bouquets sur le bois nu. Un seul petit défaut, son port un peu raide. D'autres viornes parfument l'hiver, à commencer par ses parents, *Viburnum farreri* et *Viburnum grandiflorum*. Le premier est un bel arbuste caduc aux fleurs rose pâle embaumant en décembre-janvier, et le second, plus petit, caduc également, s'enorgueillit d'une floraison blanche, aux senteurs délicieuses, tout l'hiver. Soleil ou mi-ombre pour tous, dans une terre ordinaire mais bien drainée.

Cornouiller mâle
Cornus mas

Ces boules de fleurs jaune d'or, qui décorent en février-mars les rameaux encore dénudés de cette espèce de cornouiller, n'embaumeront pas tout le jardin, mais elles dégagent un léger parfum. Les petits fruits écarlates qu'elles donneront sont acides mais comestibles. Cet arbuste accepte tous les sols, au soleil ou à mi-ombre, et tolère le calcaire. Il est intéressant dans les haies mélangées, où il est apprécié des oiseaux, et prend de très belles couleurs à l'automne. Il peut aussi être cultivé en bac.

Sarcocoque
Sarcococca sp.

Un parfum de miel qui surprend au cœur de l'hiver. Cet arbuste porte de petites feuilles vert brillant et ses fleurs jaunes se transforment en baies, rouges ou noires. Bien adapté aux sols calcaires, à l'ombre ou la mi-ombre, il résiste au froid et à la sécheresse. Sa croissance lente, son adaptation à la taille permettent de l'utiliser comme du buis pour dessiner des bordures de massifs. Une branche placée dans un vase suffit à parfumer toute une pièce.

Daphné
Daphne odora

Cet arbuste tout arrondi, aux feuilles persistantes, coriaces et luisantes, se couvre de janvier à mars de glomérules de fleurs tubulaires, rose lilas ou blanches. Leur fragrance mêle des parfums d'œillet et de jacinthe. Plantez-le dans un sol fertile et bien drainé, au soleil, et évitez toute humidité stagnante. Attention, toutes les parties de la plante sont très toxiques et la sève peut même irriter la peau. *Daphne mezereum*, le "bois-joli" ou "bois-gentil", peut être installé en sous-bois, sur un tapis de vivaces.

Plantes parfumées en hiver

Noisetier de sorcière
Hamamelis intermedia

À l'automne, ces arbustes prennent des teintes somptueuses. Mais l'hiver, lorsque leurs larges feuilles sont tombées, les hamamélis

révèlent un tout autre intérêt : une floraison très originale, avec de longs pétales comme des lanières, colorés en rouge pour cette variété ‘Diane’, en jaune soufre pour ‘Pallida’, orange, cuivrés, jaune vif pour d'autres... des fleurs qui exhalent un parfum lourd et capiteux, très présent.

Mimosa
Acacia dealbata

Un grand classique, bien sûr, véritable soleil de nos jardins en plein hiver. Ses petits pompons ronds et dorés dégagent une odeur délicieuse et subtile, poudrée et délicate, très facilement identifiable. Les feuilles, persistantes, sont finement découpées, l'écorce également décorative. Il en existe un grand nombre de cultivars. À réserver aux climats doux et maritimes, ou à cultiver en bac et à rentrer comme des plantes d'orangerie. En pleine terre, attention : il peut devenir envahissant.

Coronille valentine
Coronilla valentina

Une multitude de petits papillons s'épanouissent à la fin de l'hiver sur cet arbuste tout en rondeur, répandant une odeur sucrée. Les feuilles sont vert vif et persistantes, bleutées chez la sous-espèce *C. valentina glauca*. Vous l'installerez au soleil et à l'abri des vents froids dans un sol bien drainé. Après la floraison, il est conseillé de rabattre les plantes qui se sont dégarnies afin de leur donner une nouvelle jeunesse.

Azara
Azara sp.

Voici un arbuste élégant, au feuillage persistant, dont les petites fleurs jaunes sentent la vanille et le miel. Il peut être planté isolé au soleil et à l'abri

du vent, ou intégré dans une haie. Il supporte des gels jusqu'à –10 °C, mais appréciera un bon paillage au pied pendant les mois les plus froids. Il en existe plusieurs espèces, toutes à fleurs parfumées, mais ce sont celles de *Azara integrifolia* et *Azara microphylla* qui s'épanouissent en hiver.

Genêt précoce
Cytisus praecox

Un buisson illuminé en fin d'hiver et tout début de printemps d'une abondante floraison jaune, quelquefois blanche, rose ou crème. Les grappes de fleurs en forme de petits papillons dégagent une odeur très particulière, qui plaît plus ou moins : une odeur poudrée, sucrée d'une pointe de miel, qui évoque l'encaustique. Cette odeur s'exprime d'autant mieux que l'arbuste est en plein soleil. Il peut être associé, dans des massifs ou des haies, avec des lavandes, des romarins ou des cistes, ou cultivé en pot sur une terrasse. Rustique, il tolère jusqu'à –20 °C.

Mahonia
Mahonia sp.

Il est facilement identifiable avec ses grandes feuilles persistantes qui ressemblent à celles du houx, divisées en une multitude de folioles épineuses, et ses grappes de fleurs dressées. Celles de ce *Mahonia lomariifolia* s'épanouissent en janvier, tout comme celles des nombreux cultivars de *Mahonia* x *media* (le plus connu est 'Charity'), apportant au cœur de l'hiver d'étonnantes senteurs de muguet. C'est un grand arbuste, pouvant atteindre 4 m de hauteur, qui préfère les climats doux et océaniques, et qui craint la sécheresse.

Des feuillages aromatiques

Santoline
Santolina chamaecyparissus

Ce petit arbrisseau buissonnant, qui prend facilement une jolie forme arrondie, exhale une odeur vive et pénétrante. Ses tiges blanches, ramifiées, portent de très petites feuilles persistantes, caractéristiques, avec leur aspect cotonneux et leur couleur gris-argent. Et en plein été, des boules de petites fleurs jaune vif, comme des boutons ronds et durs : pas très spectaculaires, mais odorantes également, elles plaisent beaucoup aux abeilles. Vivace en région méditerranéenne, elle demande ailleurs un emplacement abrité.

Romarin
Rosmarinus officinalis

Ces grandes tiges touffues, qui dégagent une odeur résineuse, forment un bel arbrisseau vivace. L'écorce des rameaux est brun clair, le feuillage vert foncé et luisant sur le dessus, argenté et cotonneux sur le dessous. De mars à août, parfois plus tard en saison, des fleurs bleu pâle à blanchâtres forment de petites grappes entre les feuilles. Une taille fin mai lui assure un port compact et bien ramifié. Ses branches s'utilisent fraîches ou séchées.

Fenouil et consoude
Foeniculum vulgare et Symphytum officinale

La grande consoude est une solide vivace herbacée, aux longues feuilles vert foncé, qui se consomment fraîches ou cuites.

Tout l'été, la plante s'égaye de jolies grappes de clochettes roses, violettes ou blanches. Le fenouil est particulièrement décoratif, avec son feuillage plumeux, dont le parfum d'anis est apprécié en cuisine. Ces deux aromatiques appréciant une terre fraîche et humide, elles feront bon ménage dans un massif ou une plate-bande.

Bonnes à manger

Basilic, menthe, estragon, thym... – autant de plantes condimentaires qui trouvent tout naturellement leur place au potager. Déjà appréciées pour leur aspect décoratif, en plus, elles sentent bon et, riches de saveurs délicates, elles apportent une touche finale en cuisine. L'intensité de leur parfum dépend de la qualité et de la durée de leur ensoleillement.

Agastache
Agastache sp.

Derrière ces sauges buissonnantes aux fleurs pourpres (*Salvia viridis*), se dressent les grands épis bleutés de l'agastache, doux au toucher, qui attirent les papillons. Le parfum de ces fleurs évoque la réglisse quand elles sont encore en bouton, puis il devient mentholé. Les feuilles, ovales et pointues, sont elles aussi aromatiques, oscillant entre la menthe et l'anis. Ces plantes aiment les expositions ensoleillées et les sols bien drainés, et leurs parfums s'expriment davantage lorsque le sol est pauvre. Mellifères, elles sont particulièrement appréciées des abeilles et autres insectes pollinisateurs.

Pélargonium à feuillage odorant
Pelargonium sp.

Les pélargoniums à feuillage odorant sont attrayants par les senteurs qu'ils dégagent et qui persistent sur les doigts lorsqu'on froisse leurs feuilles. Les nombreuses variétés offrent toute une palette évoquant des odeurs bien précises : menthe, chocolat, ou encore citron pour ce *Pelargonium crispum* 'Variegatum'. Les fleurs restent souvent discrètes, mais les feuilles sont très décoratives, unies ou panachées.

Immortelles
Helichrysum italicum

Ces grandes touffes de fleurs en capitules s'épanouissent tout l'été comme des marguerites. Réchauffées par un grand soleil, ou froissées au passage, elles répandent alentour des odeurs épicées qui évoquent le curry. Une qualité particulièrement prononcée chez la sous-espèce *H. serotinum* dont les feuilles sont de véritables aromatiques pouvant être utilisées dans la cuisine. Les immortelles sont des plantes de soleil qu'il faut protéger de tout excès d'humidité, et qui apprécieront un bon paillage s'il fait très froid.

INDEX

ADRESSES

Voici quelques adresses, simple première piste pour découvrir des jardins et espaces verts de ville qui se sont fortement intéressés au sens de l'odorat dans leur sélection de plantes. Il en existe évidemment bien d'autres, notamment de nombreuses roseraies. Les conservatoires mentionnés sont agréés par le CCVS (Conservatoire des collections végétales spécialisées) pour un ou plusieurs genres végétaux. Souvent, ce sont aussi des pépiniéristes qui vendent leur production en direct, sur place ou lors de Fêtes des plantes.

Jardins à visiter

CONSERVATOIRE NATIONAL DES PLANTES à parfum, médicinales, aromatiques et industrielles
Route de Nemours
91490 Milly-la-Forêt
Tél. 01 64 98 83 77
www.cnpmai.net

LE LABYRINTHE
JARDIN DES CINQ SENS
Rue du Lac
74140 Yvoire
Tél. 04 50 72 88 80
www.jardin5sens.net

LE JARDIN DES OLFACTIES
Place de l'Église
85220 Coëx
Tél. 02 51 55 53 41
www.jardindesolfacties.com

LES JARDINS DE VIELS-MAISONS
02540 Viels-Maisons
Tél. 03 23 82 62 53
www.jardins-vielsmaison.net

LE JARDIN D'ANNE-MARIE
2, rue du 8-Mai 1945
91510 Lardy
Tél. 01 60 82 30 63

Jardin des Cinq Sens
Rue Célestin-Frenet
44000 Nantes
www.jardins.nantes.fr

Jardin des Cinq Sens
Rue Vauvert
41000 Blois
Tél. 02 54 52 13 00
www.ville-blois.fr

Jardin des Cinq Sens
Avenue Jean XXIII
57000 Metz
www.mairie-metz.fr

Les Roses anciennes – André Ève
"Morailles", Pithiviers-le-Vieil
45308 Pithiviers
Tél. 02 38 30 01 30
www.roses-anciennes-eve.com

Jardins de Bagatelle
Route de Sèvres à Neuilly
Bois de Boulogne
75016 Paris
Tél. 01 49 57 15 25

Jardin botanique de Lyon
Parc de la Tête d'Or
69006 Lyon
Tél. 04 72 82 35 13
www.jardin-botanique-lyon.com

Jardin de Plantbessin
Castillon, 14490 Balleroy
Tél. 02 31 92 56 03

Conservatoires

Acacia (mimosas)
Pépinières Gérard Cavatore
Le Mas du Ginget
83230 Bormes-les-Mimosas
Tél. 04 94 00 40 23
www.pepinierescavatore.com

Agrumes
Pépinières
Bénédicte et Michel Bachès
Mas Bachès
66500 Eus
Tél. 04 68 96 42 91

Aromatiques
Pépinières du Grand Plantier
1107, route d'Uzès
30500 Saint-Ambroix
Tél. 04 66 24 82 82
www.pepinieredugrandplantier.com

Buddleia
Pépinières Jean-François Giraud
La Moutte – 07220 Viviers
Tél. 04 75 50 34 94
http://jaroche.club.fr

Camellia
• François Le Moal
Park ar Brug
22200 Plouisy
Tél. 02 96 43 86 96

• Les Camellias de la Prairie
2706, chemin des Sports
30100 Alès
Tél. 04 66 52 66 40
www.camellia.fr

• Pépi France
Château de Gaujacq
40330 Gaujacq
Tél. 05 58 89 24 22
www.thoby.com

Ceanothus
Janine et Yves Jarreau
Prat ar Lin,
17, rue Jean-Louis-Hamon
22580 Plouha
Tél. 02 96 20 24 26

Clematis
Pépinières Travers
3, rue Cour-Charrette
45650 Saint-Jean-le-Blanc
Tél. 02 38 66 17 70
www.clematite.net

Cornus
Arboretum du Chêne vert
16150 Chabanais
Tél. 05 45 89 20 46
www.lechenevert.net

Daphne
Hélène d'Andlau
La Petite Rochelle,
22 rue du Prieuré
61110 Remalard
Tél. 02 33 73 85 38

Iris
Jardins de Brocéliande
Le Pommeret
35310 Bréal-sous-Montfort
Tél. 02 99 60 08 04
www.jardinsdebroceliande.fr.st

Jasmin
Ets Bertetto
avenue de Collorgues
30190 Garrigues-Sainte-Eulalie
Tél. 04 66 81 28 56

Paeonia
Pépinière Rivière
La Plaine
26400 Crest
Tél. 04 75 25 44 85
www.pivoinesriviere.com

Pelargonium
Domaine horticole municipal
40, chemin Tortiot
18000 Bourges
Tél. 02 48 57 82 43

Philadelphus
Parc et jardins Gilles de Trève
11 roue de Lisle
55000 Ville-sur-Saulx
Tél. 03 29 70 20 51

Thymus
Jardin du Morvan
La Brosse
58370 Larochemillay
Tél. 03 86 30 47 20
www.jardindumorvan.com

Viburnum
Pépinières Maurice Laurent
2374 route de Rive de Gier
69560 Saint-Romain-en-Gal
Tél. 04 74 53 03 80
www.pepiniere-laurent.fr

Achevé d'imprimer en janvier 2009
Dépôt légal à parution
Imprimé en UE